西江韓国語1A

文法・単語参考書

문법 · 단어 참고서

STUDENT'S BOOK
1A
文法・単語参考書

주소	서울시 마포구 백범로 35 서강대학교 한국어교육원
Tel	(82-2) 713-8005
Fax	(82-2) 701-6692
e-mail	sogangkorean@sogang.ac.kr

서강대학교 한국어교육원
http://klec.sogang.ac.kr

K.L.E.C

서강한국어 교사 사이트
http://koreanteachers.org

Sogang Korean Teachers

여름 특별과정(7-8월)
http://koreanimmersion.org

S.K.I.P

출판·판매·유통

초판 발행	2024년 8월 30일
펴낸이	박영호
펴낸곳	(주)도서출판 하우
주소	서울시 중랑구 망우로68길 48
Tel	(82-2) 922-7090
홈페이지	http://www.hawoo.co.kr
등록번호	제2016-000017호

Fax	(82-2) 922-7092
e-mail	hawoo@hawoo.co.kr

Contents

韓国語とハングル

I. 韓国語とハングル

「ハングル」は韓国固有の文字体系で、15世紀の朝鮮時代に世宗大王(1397~1450)が作りました。それまでは中国の漢字を借りて使っていましたが、一般の民衆が使うには難しいものでした。そこで、誰もが使いやすい文字体系の必要性を感じた世宗大王が新しい文字体系を発明し、「民を教える正しい音」という意味の「訓民正音(1443)」と名付けました。

II. ハングルの構成

ハングルは母音21個、子音19個、計40個の文字で構成されています。

1. 母音

ハングルの母音は天(•)、地(—)、そして人(|)を象徴する記号で表現しました。

| + • = |• = ㅏ   • + | = •| = ㅓ

• + — = •⍳ = ㅗ   — + • = ⸳• = ㅜ

母音21個：ㅏ ㅑ ㅓ ㅕ ㅗ ㅛ ㅜ ㅠ ㅡ | ㅐ ㅒ ㅔ ㅖ ㅘ ㅙ ㅚ ㅝ ㅞ ㅟ ㅢ

2. 子音

ハングルの子音は音の出る位置と音の出し方に沿って発音器官の形を真似て作りました。

基本子音	ㄱ	ㄴ	ㅁ	ㅅ	ㅇ
発音器官					
	舌根と軟口蓋	舌先と硬口蓋	唇	舌と歯	喉

この5つの子音（ㄱ, ㄴ, ㅁ, ㅅ, ㅇ）をベースに画を追加したり、同じ子音を加えて計19個の子音を作りました。

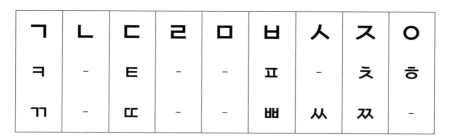

ㄱ	ㄴ	ㄷ	ㄹ	ㅁ	ㅂ	ㅅ	ㅈ	ㅇ
ㅋ	-	ㅌ	-	-	ㅍ	-	ㅊ	ㅎ
ㄲ	-	ㄸ	-	-	ㅃ	ㅆ	ㅉ	-

子音19個：ㄱ ㄴ ㄷ ㄹ ㅁ ㅂ ㅅ ㅇ ㅈ ㅊ ㅋ ㅌ ㅍ ㅎ ㄲ ㄸ ㅃ ㅆ ㅉ

3. 音節と文章の構成

(1) 音節

ハングルのすべての文字は、子音と母音を音節ごとにまとめて書きます。

音節タイプ1 子音 + 母音

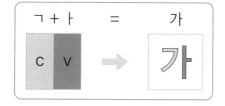

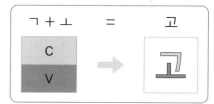

音節タイプ2 音価のない「ㅇ」+ 母音

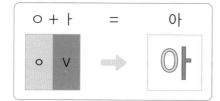

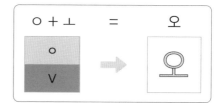

子音 ＋ 母音 ＋ 最終子音(「パッチム」)
　　　　　　　子音が終声に位置する場合、これを「パッチム」といいます。

音価のない「ㅇ」＋ 母音 ＋ 最終子音 (「パッチム」)

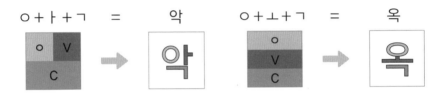

(2) 文章

韓国語は助詞で文の成分を区別することができます。下の例文のように、主格助詞「이/가(が)」と目的格助詞「을/를(を)」をくっつけて主語と目的語の区分を確認することができます。

예 앤디 씨**가**　　　한국어**를**　　　　공부해요.

　　主語　　　　　　目的語　　　　　　述語

4. ハングルの書き方と分かち書き

(1) ハングルの書き方

ハングルには書き順があります。左から右に、上から下の順に書きます。そして、母音は子音の右側か下に書きます。

6

(2) 分かち書き

韓国語は助詞を中心に分かち書き(スペースの追加)をします。

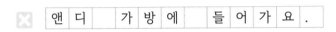

上の例文では「앤디(アンディ)」の後ろにある「가(が)」は主語を表す助詞ですが、分かち書きをしないと別の意味で読まれる可能性があります。上の例文の場合、主格助詞「가(が)」を名詞「앤디(アンディ)」とくっつけて書かないと「가방(かばん)」と読めます。

そのため、韓国語では必ず分かち書きをしなければなりません。

また、文章の終わりには句読点を打たなければなりません。平叙文の場合、「ピリオド(.)」を打ちます。文章が長くなる場合、意味が区分される箇所に「カンマ(,)」を使用します。疑問文のときは「疑問符(?)」を、感嘆文のときは「感嘆符(!)」を使用します。

.	마침표 (온점)
,	쉼표 (반점)
?	물음표
!	느낌표

앤디 씨, 안녕하세요 ?

아 ! 미나 씨 ! 요즘 잘 지내요 ?

네, 잘 지내요. 앤디 씨는요 ?

저도 잘 지내요.

5. 母音と子音の発音

(1) 母音の発音

母音	ㅏ	f<u>a</u>ther
	ㅓ	<u>a</u>go
	ㅗ	<u>o</u>ver
	ㅜ	m<u>oo</u>n
	ㅡ	p<u>u</u>t
	ㅣ	s<u>ee</u>
	ㅐ	c<u>a</u>re
	ㅔ	m<u>e</u>t
[y]系列の母音	ㅑ	<u>Ya</u>hoo
	ㅕ	<u>yo</u>ung
	ㅛ	<u>yo</u>-yo
	ㅠ	<u>you</u>
	ㅒ	<u>ye</u>s
	ㅖ	<u>ye</u>llow
[w]系列の母音	ㅘ	Ha<u>wa</u>ii
	ㅚ	<u>wa</u>y
	ㅙ	<u>we</u>ight
	ㅝ	<u>wa</u>r
	ㅞ	<u>we</u>ll
	ㅟ	<u>we</u>
–	ㅢ	–

・ 애-에 , 얘-예 , 왜-웨-외 の場合、発音はほとんど区分されません。

(2) 子音の発音

Consonant	Initial sound	Final consonant (batchim)
ㄱ	gate, kite	sick
ㄴ	noon	moon
ㄷ	dog	cat
ㄹ	line, rain	mall
ㅁ	moon	mom
ㅂ	boy	cap
ㅅ	smile	cat
ㅇ	(No Sound)	young
ㅈ	joy	cat
ㅊ	church	cat
ㅋ	Korea	sick
ㅌ	table	cat
ㅍ	piano	cap
ㅎ	home	cat
ㄲ	skip	sick
ㄸ	stop	–
ㅃ	spy	–
ㅆ	sip	cat
ㅉ	pizza	–

目標文法とプラス文法

	目標文法	プラス文法
準備第 1 課	−이에요/예요	누구
準備第 2 課	이게/저게	뭐예요?
準備第 3 課	있어요/없어요	숫자① (漢数詞) 몇 번/몇 월 며칠
準備第 4 課	주세요	숫자② (固有数詞) 개 · 명 · 장 · 권 몇 개/몇 명 얼마예요?
第 1 課	이/가 (장소)에 있어요 (위 · 아래 · 앞 · 뒤 · 옆 · 왼쪽 · 오른쪽 · 사이)에 있어요	어디
第 2 課	(시간)에 (장소)에 가요 −아/어요①	몇 시 뭐 해요? 은/는
第 3 課	을/를 −아/어요② 에서	
第 4 課	−았/었어요 안 도	'으'불규칙
第 5 課	−고 싶어요 (으)로① −(으)세요①	−지 마세요 에서 까지 어떻게
第 6 課	−(으)러 가요 (이)나 −(으)ㄹ 거예요	

11

-이에요/예요:「～です」丁寧でうちとけた文体

例
A : 안녕하세요? 수잔**이에요**. (こんにちは。スーザンです。)
B : 수잔 씨, 안녕하세요? (スーザンさん、こんにちは。)
　　저는 앤디**예요**. (私はアンディです。)

意味

- '이에요/예요'は名詞の後ろにつく文末語で、カジュアルな場面で丁寧に話すときに用いられる。

形態

- パッチムがあるときは'-이에요'、パッチムがないときは'-예요'がつく。

パッチム O	-이에요	パッチム X	-예요
미국 사람 (アメリカ人) 회사원 (会社員)		앤디 씨 (アンディさん) 의사 (医者)	

例
① 앤디 씨예요. (アンディさんです。)
② 미국 사람이에요. (アメリカ人です。)

> ！
>
> 韓国語は、単語にパッチムがあるかないかによって、その単語につく助詞や語尾が変化するため、注意すること。

> ＋
>
> 韓国語の文章構造：基本の文章は主語と述語で構成されている。日本語と同様に主語の次に述語がくる。
>
> | 이분이 | 앤디 씨예요. |
> |---|---|
> | 主語 | 述語 |
>
> (この方はアンディさんです。)

12

例 A : 이분이 **누구예요**? (この方はどなたですか？)
　　B : 앤디 씨예요. (アンディさんです。)

意味

・'누구'は人について質問するときに用いられる疑問詞である。

形態

・韓国語は日本語と違い、「誰」、「どなた」の区別なく'누구'を用いる。'누구'が文末にくる場合は、後ろに'-예요?'をつける。

1) 会話では、日本語と同様、主語が明らかな場合には主語を省略することがある。

例 ① A : 이분이 누구예요? (この方はどなたですか？)
　　　B : (이분이) 앤디 씨예요. ((この方は)アンディさんです。)

　② A : 이분이 미국 사람이에요? (この方はアメリカ人ですか？)
　　　B : 네, (이분이) 미국 사람이에요. (はい、(この方は)アメリカ人です。)

　③ A : (이분이) 선생님이에요? ((この方は)先生ですか？)
　　　B : 아니요, (이분이) 학생이에요. (いいえ、(この方は)学生です。)

2) 自分を丁寧に紹介するときは、'나는'ではなく'저는'(わたくしは)を使う。

例 A : 이름이 뭐예요? (名前は何ですか？)
　　B : 저는 앤디예요. (わたくしはアンディです。)

準備第2課

이게/저게
뭐예요?

이게/저게:「これは/あれは」

例 ① **이게** 의자예요. (これは椅子です。)
　　② **저게** 가방이에요. (あれはかばんです。)

意味

・'이게/저게'は、日本語の「これは/あれは」にあたる。

뭐예요?:「何ですか？」

例 A : 이게 **뭐예요**? (これは何ですか？)
　　B : 연필이에요. (鉛筆です。)
　　A : 그럼 저게 **뭐예요**? (では、あれは何ですか？)
　　B : 시계예요. (時計です。)

意味

・'뭐'は日本語の「何」にあたり、通常、会話でよく用いられる(書くときは'무엇')。物について質問する場合、文末に'뭐'を、その後ろに'-예요'をつける。

例 ① A : 이게 **뭐예요**? (これは何ですか？)
　　　B : (이게) 의자예요. ((これは)椅子です。)

　　② A : 저게 **뭐예요**? (あれは何ですか？)
　　　B : (저게) 가방이에요. ((あれは)かばんです。)

　　③ A : 이름이 **뭐예요**? (名前は何ですか？)
　　　B : 앤디예요. (アンディです。)

있어요/없어요
숫자①(漢数詞)
몇 번 / 몇 월 며칠

있어요/없어요:「あります・います」/「ありません・いません」

例 A : 수잔 씨, 한국 전화번호 **있어요**? (スーザンさん、韓国の電話番号(は)あります
か？)

B : 네, **있어요**. (はい、あります。)

意味

・'있어요'は日本語の「あります・います」、'없어요'は「ありません・いません」にあたり、日本
語と違い、韓国語の'있어요'、'없어요'は人と物の区別なく用いられる。

例 ① A : 연필 **있어요**? (鉛筆ありますか？)
B : 네, **있어요**. (はい、あります。)

② A : 미나 씨 **있어요**? (ミナさんいますか？)
B : 네, **있어요**. (はい、います。)

③ A : 지우개 **있어요**? (消しゴムありますか？)
B : 아니요, **없어요**. (いいえ、ありません。)

④ A : 앤디 씨 **있어요**? (アンディさんいますか？)
B : 아니요, **없어요**. (いいえ、いません。)

숫자 ①: 漢数詞

例 A : 렌핑 씨 생일이 며칠이에요? (レンピンさんの誕生日は何日(いつ)ですか？)
B : **7월 15일**이에요. (7月15日です。)

意味

・漢数詞は番号(電話番号・バスの番号など)・日付・値段を読むときに使う。

15

形態

1 일	2 이	3 삼	4 사	5 오	6 육	7 칠	8 팔	9 구
10 십	20 이십	30 삼십	40 사십	50 오십	60 육십	70 칠십	80 팔십	90 구십
100 백								

例　電話番号 : 02-925-3857
　　バスの番号 : 34번, 70번
　　日付 : 2월 14일, 5월 8일, 12월 25일
　　値段 : 10원, 100원

!　1) ゼロは漢数詞では'영'と読むが、電話番号を読むときは'공'と読む。

몇 번:「何番」(漢数詞)

例　A : 전화번호가 **몇 번**이에요? (電話番号は何番ですか？)
　　B : 010-4948-1287이에요. (010-4948-1287です。)

意味

• '몇 번'は、準備第3課で学習した「何」という意味の'몇'の後ろに「番」を意味する'번'がついた
　表現であり、番号を聞くときに用いる。答えるときは漢数詞を使う。

例　① A : **몇 번** 버스예요? (何番のバスですか？)
　　　B : 701번(칠백일 번) 버스예요. (701番のバスです。)

　　② A : 전화번호가 **몇 번**이에요? (電話番号は何番ですか？)
　　　B : 565-8578이에요. (565-8578です。)

!　番号と番号の間のハイフンは[에]と読む。

16

A : 오늘이 **몇 월 며칠**이에요? (今日は何月何日ですか？)

B : 7월 5일이에요. (7月5日です。)

意味

· '몇 월 며칠'は日付を聞くときに使う表現で、月を聞くときは'몇'を'월(月)'の前につけて '몇 월'、日にちを聞くときは'며칠'を使う。このとき、'몇 일'とはならないので注意する こと。'며칠'と'몇 일'の発音は同じだが、書くときは'며칠'と書かなければならない。答え るときは漢数詞を使う。

> 6월と10월は、'유월'と'시월'に変化する。

月
1월(일월) / 2월(이월) / 3월(삼월) / 4월(사월) / 5월(오월) / *6월(유월)
7월(칠월) / 8월(팔월) / 9월(구월) / *10월(시월) / 11월(십일월) / 12월(십이월)

주세요	몇 개 / 몇 명
숫자②(固有数詞)	얼마예요?
개(個)、명(名)、장(枚)、권(冊)	

準備第 **4** 課

 A : 여기요, 물 좀 **주세요**. (すみません、水ください。)

B : 네. (はい。)

意味

· '주세요'は、日本語の「ください」にあたる表現。任意の名詞の後ろに「주세요(ください)」 という表現を使い、食堂、コーヒーショップ、市場などのお店で注文するときに使うこと ができる。

 A: 커피 주세요. (コーヒーください。)

B: 여기 있어요. (お待たせしました。)

17

例 A : 된장찌개 **한** 개, 비빔밥 **두** 개 주세요. (テンジャンチゲ1つ、ビビンバ2つください。)

B: 여기 있어요. (お待たせしました。)

意味
・韓国語には日本語と同じく、数字の数え方が2種類ある。数を数えるときは主に固有数詞を用い、番号を読むときは漢数詞を用いる。

形態

固有数詞							
1	하나	6	여섯	11	열 하나	16	열 여섯
2	둘	7	일곱	12	열 둘	17	열 일곱
3	셋	8	여덟	13	열 셋	18	열 여덟
4	넷	9	아홉	14	열 넷	19	열 아홉
5	다섯	10	열	15	열 다섯	20	스물

개(個), 명(名), 장(枚), 권(冊)

例 A: 우유 2**개** 주세요. 얼마예요? (牛乳2つください。いくらですか？)
B: 5,700원이에요. (5,700ウォンです。)

意味
・固有数詞は、数字の後ろに個・枚・本のような助数詞をつけて用いられる。

固有数詞を使う助数詞
개(個)、명(名)、장(枚)、권(冊)、잔(杯)、병(本), 마리(匹・頭)

形態
・助数詞をつけて何かを数えるとき、 1から4(하나、둘、셋、넷)はそれぞれ'한、두、세、네'に形が変わる。

例 한 개, 두 개, 세 개, 네 개(1個、2個、3個、4個)

固有数詞＋助数詞 개(個)、명(名)、장(枚)、권(冊)、병(瓶)、 잔(杯)、마리(匹・頭)						
물건(物)	사람(人)	종이(紙)	책(本)	병(瓶)	잔(杯)	동물(動物)
한 개	한 명	한 장	한 권	한 병	한 잔	한 마리
두 개	두 명	두 장	두 권	두 병	두 잔	두 마리
세 개	세 명	세 장	세 권	세 병	세 잔	세 마리
네 개	네 명	네 장	네 권	네 병	네 잔	네 마리
다섯 개	다섯 명	다섯 장	다섯 권	다섯 병	다섯 잔	다섯 마리

몇 개 / 몇 명:「いくつ・何個」/「何人・何名」

例 A : **몇 개** 있어요? (いくつありますか？)
B : 세 개 있어요. (3つあります。)

A : **몇 명** 있어요? (何人いますか？)
B : 네 명 있어요. (4人います。)

意味
・'몇'は「何(いくつ)」にあたる疑問詞で、'몇 개(いくつ・何個)'、'몇 명(何人・何名)' のように用いられる。

形態
・'몇'の後ろには助数詞がつく。ものを数えるときは後ろに「個」を意味する'개'をつけると「何個・いくつ」という意味になる。また人を数えるときは後ろに'명'をつけて「何人・何名」となる。助数詞を使って質問に答える場合、固有数詞を使う。

얼마예요?:「いくらですか」

例 A : 포도 **얼마예요**? (ぶどう(は)いくらですか？)
B : 한 개에 7,800원이에요. (1つ7,800ウォンです。)

意味

• '얼마예요?'は値段を聞くときに用いる表現。答えるときは漢数詞を使う。

形態

1 일	2 이	3 삼	4 사	5 오	6 육	7 칠	8 팔	9 구
10 십	20 이십	30 삼십	40 사십	50 오십	60 육십	70 칠십	80 팔십	90 구십

100	백	1,000,000	백만
1,000	천	10,000,000	천만
10,000	만	100,000,000	억
100,000	십만		

 A : **얼마예요?** (いくらですか？)
B : 오만 원이에요. (5万ウォンです。)

1) 10,000は'만(万)'、1,000,000は'백만(百万)'となる。

2) 日本語では「１万ウォン」と言うが、韓国語では'만 원'と言い、'일만 원'とは言わない。

第 **1** 課　이/가　(장소)에 있어요　어디　(위・아래・앞・뒤・옆・왼쪽・오른쪽・사이)에 있어요

이/가:「〜が」主語を表す助詞

 ① 선생님**이** 도서관에 있어요. (先生が図書館にいます。)
② 미나 씨**가** 여기 있어요. (ミナさんがここにいます。)

意味

• '이/가'は日本語の「が」にあたり、名詞について主語を示す助詞。名詞にパッチムがないときは'-가'、パッチムがあるときは'-이'がつく。

形態

パッチム ○	이	パッチム ×	가
집 (家)		미나 씨 (ミナさん)	
한국 (韓国)		학교 (学校)	

韓国語の'이/가'は日本語の「が」にあたるが、日本語に翻訳する際、
「は」と訳した方が自然な場合もある。「(場所)にいます/あります」

例 이름이 뭐예요? (名前は何ですか？)

(장소)에 있어요:「～に」場所を表す助詞

例 ① 앤디 씨가 학교**에** 있어요. (アンディさんが学校にいます。)
② 미나 씨가 집**에** 없어요. (ミナさんが家にいません。)

意味

・'에'は日本語の「に」にあたり、場所・位置を表す名詞の後ろにつく助詞。

形態

・日本語と同じく'있어요'(いる・ある)/'없어요'(いない・ない)の前につき、「(場所・位置)にいる・ある/いない・ない」という意味になる。

어디:「どこ」疑問詞

例 A : 스터디 카페가 **어디**에 있어요? (スタディカフェはどこにありますか？)
B : A빌딩에 있어요. (Aビルにあります。)

意味

・'어디'は日本語の「どこ」にあたり、物、建物、人などの位置を聞くときに使う疑問詞。

形態

・後ろに「있어요(いる・ある)」がくるときは'-에'をつけるが、'예요(～です)'がくる場合には'-에'は必要ない。

21

例 ① A: 지금 **어디에 있어요**? (今、どこにいますか？)

　　B: 학교에 있어요. (学校にいます。)

② A: 지금 **어디예요**? (今、どこですか？)

　　B: 학교예요. (学校です。)

意味

・位置を示す助詞'-에 'が後ろにつく。

例 가방이 책상 **위**에 있어요. (かばんが机の上にあります。)

가방이 책상 **아래**에 있어요. (かばんが机の下にあります。)

가방이 책상 **뒤**에 있어요. (かばんが机の後ろにあります。)

가방이 책상 **옆**에 있어요. (かばんが机の横にあります。)

가방이 책상 **왼쪽**에 있어요. (かばんが机の左側にあります。)

가방이 책상 **오른쪽**에 있어요. (かばんが机の右側にあります。)

가방이 앤디 씨 가방하고 미나 씨 가방 **사이**에 있어요. (かばんが、アンディさん
のかばんとミナさんのかばんの間にあります。)

'(으)로(〜へ)'は方向を表す助詞である。

> 例 ① 오른쪽**으로** 가세요. (右側へ行ってください。)
>
> 　　② 이쪽**으로** 가세요. (こちらへ行ってください。)

22

(시간)에:「~に」時間を表す助詞

例 A : 사라 씨, 내일 저녁 여섯 시<u>에</u> 시간 있어요? (サラさん、明日の夕方6時に時間
　　ありますか？)
　B : 왜요? (なぜですか？)

意味
・'에'は日本語の「に」にあたる。

形態
・日付、曜日、時間を表す名詞の後ろにつく。

例 ① A : 몇 시<u>에</u> 가요? (何時に行きますか？)
　　B : 7시<u>에</u> 가요. (7時に行きます。)

　② A : 언제 가요? (いつ行きますか？)
　　B : 10월 3일<u>에</u> 가요. (10月3日に行きます。)

몇 시:「何時」

例 A : **몇 시**에 공항에 가요? (何時に空港に行きますか？)
　B : 오후 다섯 시에 공항에 가요. (午後5時に空港に行きます。)

意味
・'몇 시'は時間を聞くときに使う疑問詞。

形態
・答えるときは、時間は固有数詞、分は漢数詞を用いる。

23

한 시 / 두 시 / 세 시 / 네 시 / 다섯 시 / 여섯 시
일곱 시 / 여덟 시 / 아홉 시 / 열 시 / 열한 시 / 열두 시
십 분 / 이십 분 / 삼십오 분 / 사십칠 분 / 오십 분 / 오십육 분

例 1:40 **한 시** **사십 분** 2:30 **두 시** **삼십 분**
固有数詞 漢数詞 固有数詞 漢数詞

例 A : 한스 씨는 보통 몇 시에 일어나요? (ハンスさんは普通何時に起きますか？)
B : 여섯 시 삼십 분에 일어나요. (6時30分に起きます。)

(장소)에 가요:「〜に・〜へ行きます」目的地を表す助詞

例 A : 지금 어디**에** 가요? (今どこに行きますか？)
B : 도서관**에** 가요. (図書館に行きます。)

意味
・'에'は日本語の「〜に・〜へ」にあたり、動詞'가다(行く)'と'오다(来る)'の前につき、向かっている場所・目的地を表す。

-아/어요①:「〜です」,「〜ます」丁寧でうちとけた文体/「ヘヨ体」

例 A : 저는 여섯 시에 **일어나요**. 그럼 몇 시에 **자요**? (私は6時に起きます。では、何時に寝ますか？)
B : 열한 시에 **자요**. (11時に寝ます。)

意味
・日本語と同じく韓国語も相手の年齢や相手との関係、話し手の置かれている状況に応じて文末表現が変化する。フォーマルな場面で使う形、カジュアルな場面で使う形、友達同士の会話で使う形(반말、パンマル)がある。ここではカジュアルな場面で使う形(ヘヨ体)を学ぶ。日常生活において、丁寧に話したいとき(買い物をしたり、初対面の人と会話をしたりするときなど)は、文末に'-요'をつける。

形態

・第2課では、動詞'가다(行く)'、'오다(来る)'、'일어나다(起きる)'、'자다(寝る)'、'하다
(する)' の5つを学ぶ。それぞれ現在形('-요')は、'가요'、'와요'、'일어나요'、'자요'、'해
요'になる。その他の動詞については第3課で学ぶ。

例　A : 어디에 **가요**? (どこに行きますか？)

　　B : 학교에 **가요**. (学校に行きます。)

뭐 해요?:「何(を)しますか？」

例　A : 렌핑 씨, 오늘 오후에 공부해요? (レンピンさん、今日の午後、勉強します
　　　 か？)

　　B : 아니요. (いいえ。)

　　A : 그럼 **뭐 해요**? (では、何(を)しますか？)

　　B : 명동에 가요. (明洞に行きます。)

意味

・近い未来の行動について聞くときは、疑問詞'뭐(何)'の後ろに'해요'をつける。

例　A : 오후에 **뭐 해요**? (午後に何(を)しますか？)

　　B : 영화관에 가요. (映画館に行きます。)

> '뭐 해요?(何(を)しますか？)'の'해' は二つの母音の間で'ㅎ'の音が弱くなるため、
> '뭐예요?(何ですか？)'のように聞こえる。どちらを言っているかは文脈から判断す
> るようにしよう。

> 日本語では、未来形と現在(進行)形を「します」と「しています」を用いて使い分ける
> が、韓国語では「해요」が「します」と「しています」の両方の意味を持っている。ただ
> し、「しています」にあたる韓国語も別にあるため、また別の課で勉強する。

例 A : 체육관에 가요. 수잔 씨**는** 어디에 가요? (体育館に行きます。スーザンさんは
どこに行きますか？)
B : 저도 체육관에 가요. (私も体育館に行きます。)

意味

・基本的に'은/는'は、日本語の「は」にあたり、人や物を紹介するとき①、2つ以上の事柄を
比較するとき②、何かを強調するとき③に用いられる。

形態

・名詞の後ろにつき、パッチムがないときは'-는'、パッチムがあるときは'-은'がつく。

パッチム ○	-은	パッチム ×	는
한국**은** 아시아에 있어요.		앤디 씨**는** 미국 사람이에요.	
(韓国はアジアにあります。)		(アンディさんはアメリカ人です。)	

例 ① 안나 씨**는** 캐나다 사람이에요.(アンナさんはカナダ人です。) → **紹介**

② 앤디 씨 방**은** 작아요. 그런데 마이클 씨 방**은** 커요. → **比較**
(アンディさんの部屋は小さいです。でも、マイケルさんの部屋は大きいです。)

③ 백화점이 비싸요. 하지만 물건**은** 좋아요. → **強調**
(デパート(百貨店)は高いです。でも、品物は良いです。)

第**3**課 을/를
-아/어요 ②
에서

例 ① 텔레비전**을** 봐요. (テレビを見ます。)
② 한국어**를** 공부해요. (韓国語を勉強します。)

26

意味

・'을/를'は日本語の「～を」にあたり、名詞の後ろについて他動詞の目的語を示す。パッチムがないときは'를'、パッチムがあるときは'을'がつく。

パッチム ○	을	パッチム ×	를
텔레비전**을** 봐요.		한국어**를** 공부해요.	
(テレビを見ます。)		(韓国語を勉強します。)	

韓国人は日常会話で目的格助詞を省略することがあるが、初級レベルでは目的格助詞をつけて話すようにしたい。

例 사과**를** 먹어요. (＝사과 먹어요)
(りんごを食べます。＝りんご食べます。)

例 저는 월요일에 체육관에서 태권도를 **배워요**. (私は月曜日に体育館でテコンドーを習います。)
화요일에 친구하고 **점심 식사해요**. (火曜日に友達と昼食を食べます。)
식당에서 중국 음식을 **먹어요**. (食堂で中華料理を食べます。)
금요일에 친구 집에서 영화를 **봐요**. (金曜日に友達の家で映画を観ます。)

意味

・第2課で勉強したカジュアルな場面で使われる形(ヘヨ体)の動詞・形容詞の活用をここで学ぶ。日本語と違い、韓国語では動詞と形容詞の活用の仕方は同じである。

形態

1) パッチムのあるなしに関わらず、語幹の最後の母音が陽母音(ㅏ, ㅗ)で終わる場合、'-아요'が語尾につく。

語幹	語尾	-아요	結合
살	다 (住む)	살 -아요	살아요
오	다 (来る)	오 -아요	와요(오 + 아 → 와)
가	다 (行く)	가 -아요	가요(가 + 아 → 가)
많	다 (多い)	많 -아요	많아요

2) パッチムのあるなしに関わらず、語幹の最後の母音が陰母音(ㅏ, ㅗ以外)で終わる場合、

'-어요'が語尾につく。

語幹	語尾	-아요	結合
먹	다 (食べる)	먹 -어요	먹어요
주	다 (あげる・くれる)	주 -어요	줘요(주 + 어 → 줘)
마시	다 (飲む)	마시 -어요	마셔요(마시 + 어 → 마셔)
적	다 (少ない)	적 -어요	적어요

3) '하다'は'해요'に変わる 。

語幹	語尾	結合
이야기하	다 (話す)	이야기하다 (話す) → 이야기해요
공부하	다 (勉強する)	공부하다 (勉強する) → 공부해요
피곤하	다 (疲れる)	피곤하다 (疲れる) → 피곤해요

動詞も形容詞も「語幹」と「語尾」からなっている。動詞・形容詞の原型の最後にくる'다'を除いた部分を「語幹」と呼ぶ。

일어나다(起きる) : 일어나 + 다　　　싸다(安い) : 싸 + 다
　　　　　　　　　　語幹　　語尾　　　　　　　　語幹　語尾

日本語では平叙文・命令文・疑問文・勧誘文は文末の表現がそれぞれ変化するが、韓国語では「ヘヨ体」をそのまま使うことができ、それぞれの文脈とイントネーションから意味を判断する。

- 平叙文 : 나는 집에 가요. (私は家に帰ります。)
- 命令文 : 집에 가요! (家に帰ってください！)
- 疑問文 : 집에 가요? (家に帰りますか？)
- 勧誘文 : 집에 같이 가요. (一緒に家に帰りましょう。)

에서:「～で」場所を表す助詞

例　A : 어디**에서** 한국 요리를 배워요? (どこで韓国料理を習いますか？)
　　B : 요리 교실**에서** 한국 요리를 배워요. (料理教室で韓国料理を習います。)

意味
・第1課で勉強した'-에'は'있어요/없어요'の前にきて、物・人の存在する場所を示したが、

'-에서'は日本語の「〜で」にあたり、行動する場所を示す助詞で、場所を表す名詞の後ろにつく。

 ① 집**에서** 공부해요. (家で勉強します。)
② 오늘 집**에** 있어요. (今日(は)家にいます。)

第 **4** 課   -았/었어요   '으'불규칙
안
도

-았/었어요:「〜でした」「〜ました」動詞・形容詞の過去形の語尾

A : 렌핑 씨, 핸드폰 **샀어요**? (レンピンさん、携帯買いましたか？)
B : 네, **샀어요**. (はい、買いました。)
A : 언제 **샀어요**? (いつ買いましたか？)
B : 3일 전에 **샀어요**. (3日前に買いました。)

意味
・'-았/었어요'は「ヘヨ体」の過去形。

形態
・現在形と同じく、動詞・形容詞の活用の仕方は同じである。

1) パッチムのあるなしに関わらず、語幹の最後の母音が陽母音(ㅏ, ㅗ)の場合、'-았어요'が語尾につく。

語幹	語尾	-았어요	結合
살	다 (住む)	살 -았어요	살았어요
오	다 (来る)	오 -았어요	왔어요(오 + 았 → 왔)
가	다 (行く)	가 -았어요	갔어요(가 + 았 → 갔)
많	다 (多い)	많 -았어요	많았어요

2) パッチムのあるなしに関わらず、語幹の最後の母音が陰母音(ㅏ, ㅗ以外)の場合、'-었어요'が語尾につく。

語幹	語尾	-었어요	結合
먹	다 (食べる)	먹 -었어요	먹었어요
주	다 (あげる・くれる)	주 -었어요	줬어요(주 + 었 → 줬)
마시	다 (飲む)	마시 -었어요	마셨어요(마시 + 었 → 마셨)
적	다 (少ない)	적 -었어요	적었어요

3) '하다'は'했어요'に変わる 。

語幹	語尾	結合
이야기하	다 (話す)	이야기하다 (話す) → 이야기했어요
공부하	다 (勉強する)	공부하다 (勉強する) → 공부했어요
피곤하	다 (疲れる)	피곤하다 (疲れる) → 피곤했어요

例 A : 투안 씨, 월요일에 도서관에 갔어요? (トゥアンさん、月曜日に図書館に行き
ましたか ？)

B : 아니요, **안** 갔어요.(いいえ、行きませんでした。)

意味

・'안'は動詞・形容詞の前につき、否定の意味を表す。

안 + 動詞 : 오늘 학교에 **안** 와요. (今日(は)学校に来ません。)

안 + 形容詞 : 날씨가 **안** 좋아요. (天気が良くありません。)

> 공부하다(勉強する)のような「名詞＋하다(〜する)」からなる複合動詞の場合、'안'
> は '하다'の直前にくる。
>
> 공부해요. (勉強します。)
>
> 공부 안 해요. (○)(勉強しません。)
>
> 안 공부해요. (×)

例 A : 집에서 뭐 했어요? (家で何(を)しましたか？)
　　 B : 요리했어요. 그리고 청소<u>도</u> 했어요. (料理しました。そして、掃除もしました。)

意味

・'도'は日本語で前の事柄と共通の事実を述べるときの「～も」にあたる。

例 김치를 좋아해요. 불고기<u>도</u> 좋아해요. (キムチが好きです。プルコギも好きです)

日本語では「～が好きだ」と表現するが、韓国語では'-을/를 좋아하다'となる。

例 A : 네, 그런데 하루카 씨는 어제 왜 파티에 안 왔어요? (はい、でもハルカさんはなぜ昨日パーティーに来なかったんですか？)
　　 B : 어제 **바빴어요**. (昨日は忙しかったです。)

形態

・動詞・形容詞の語幹が'으'で終わるもののなかで、'-아/어요'がつくと、'으'がとれるものがあり、それを「으不規則用言」と呼ぶ。

1) '으'の前の母音が'ㅏ'や'ㅗ'の場合、'-아요'がつく。

例 바쁘다(忙しい) : 바쁘 -아요 → 바빠요. (忙しいです。)

2) '으'の前の母音が'ㅏ'や'ㅗ'以外の場合、'-어요'がつく。

例 예쁘다(きれいだ) : 예쁘 -어요 → 예뻐요. (きれいです。)

3) 語幹が1音節の場合'-어요'がつく。

31

쓰다(書く) : 쓰 -어요 → 써요. (書きます。)

> 不規則用言：動詞・形容詞の中には'-아/어요'などの語尾がつくと、語幹の形が変化するものがあり、それを不規則用言と呼ぶ。
> ㄷ, ㄹ, ㅂ, ㅅ, 으, 르で終わる動詞・形容詞がこの不規則用言にあたるが、これについては「西江韓国語1B」で詳しく勉強する。

第5課

-고 싶어요	-지 마세요
(으)로①	에서 까지
-(으)세요①	어떻게

-고 싶어요:「～(し)たいです」希望・願望

① 미나 씨를 **만나고 싶어요**. (ミナさんに会いたいです。)
② 빵을 **먹고 싶어요**. (パンを食べたいです。)

意味

- '-고 싶어요'は、日本語の「～(し)たい」にあたり、主語の希望や願望を表す表現で、動詞とともに用いる。

形態

- 動詞の語幹に'-고 싶어요'をつければよい。

  만나다(会う) : 만나 -고 싶어요 → 만나고 싶어요

  먹다(食べる) : 먹　 -고 싶어요 → 먹고 싶어요

> 만나다(会う)は、日本語では「～に会う」だが、韓国語では「～을/를 만나다」となるので注意すること。

(으)로 ①:「〜で」手段を表す助詞

例　앤디 : 스티브 씨는 어떻게 학교에 와요? (スティーブさんはどうやって学校に来
　　　　ますか？)
　　스티브 : 지하철**로** 와요. (地下鉄で来ます。)

意味
・'(으)로'は日本語の「〜で」にあたり、手段(例 : タクシーで、電話で、ペンで、手で)を表す。

形態
・前にくる名詞にパッチムがないとき、または'ㄹ'パッチムで終わるときは'로'がつき、'ㄹ'
以外のパッチムで終わるときは'-으로'がつく。

例　① 전화**로** 이야기해요. (電話で話します。)
　　② 지하철**로** 와요. (地下鉄で来ます。)
　　③ 볼펜**으로** 써요. (ボールペンで書きます。)

-(으)세요① :「〜(し)なさい(ませ)」「〜(し)てください」丁寧な命令

例　지하철 2호선을 **타세요**. (地下鉄2号線に乗ってください。)
　　그리고 을지로 3가 역에서 3호선으로 **갈아타세요**. (そして、乙支路3街駅で3号線
　　に乗り換えてください。)

意味
・'-(으)세요①'は、動詞の後ろについて丁寧な要求や命令を表す。

形態
・語幹にパッチムがないときは'-세요'、パッチムがあるときは'-으세요'がつく。語幹によ
ってはきつい命令口調に聞こえるため、やわらかく話すことが望ましい。

가다(行く) : 가 -세요→ 가세요

읽다(読む) : 읽-으세요 → 읽으세요

例　**읽으세요**. (読んでください。)

33

例 집에 가**지 마세요**. (家に帰らないでください。)

意味
- '動詞+ -지 마세요'は'-(으)세요'の否定形。日本語の「〜しないでください」にあたる。

形態
- '-지 마세요'はパッチムのあるなしに関わらず動詞の語幹につく。

에서 까지:「〜(場所)から 〜(場所)まで」

例 학교**에서** 집**까지** 걸어서 왔어요. (学校から家まで歩いて来ました。)

意味
- '에서 까지'は、日本語の「〜から〜まで」にあたり、動作の開始点から終着点を表す。

時間の幅を表す「〜から〜まで」の場合は「時間+ -부터 時間+ -까지」となる。

> 例 마이클 씨가 아침**부터** 저녁**까지** 일을 해요. (マイケルさんは朝から夜まで
> 仕事をします。)

어떻게 :「どのように」「どうやって」(疑問詞)

例 ① **어떻게** 가요? (どのように行きますか？)
② 김치는 **어떻게** 만들어요? (キムチはどうやって作りますか？)

意味
- '어떻게'は日本語の「どのように」、「どうやって」にあたる疑問詞で、方法を尋ねるときに
用いる。

34

第 6 課
-(으)러 가요
(이)나
-(으)ㄹ 거예요

-(으)러 가요:「~(し)に行きます」目的を表す表現

例 ① 책을 **사러** 서점에 가요. (本を買いに本屋に行きます。)
　　② 공원에 **놀러** 왔어요. (公園に遊びに来ました。)
　　③ 점심을 **먹으러** 식당에 가요. (昼食を食べに食堂に行きます。)

意味

・'-(으)러 가다/오다'はある目的のためにどこかへ行き来することを表す表現。

形態

・'-(으)러'の前に目的に当たる動詞がくる。動詞の語幹にパッチムがないとき、または'ㄹ'
パッチムで終わるときは'-러 가다/오다'、'ㄹ'以外のパッチムで終わるときは、'-으러 가
다/오다'がつく。

>
>
> 過去の場合は'가다/오다'を過去形に変えて表現し、'-(으)러'の直前にくる動詞は
> 過去形にしない。
>
> 例 어제 책을 **사러** 서점에 갔어요. (昨日、本を買いに本屋に行きました。)

(이)나:「か」、「や」

例 A : 어디에 갈 거예요? (どこに行く予定ですか？)
　　B : 북한산**이나** 관악산에 갈 거예요. (北漢山か冠岳山に行く予定です。)

意味

・'(이)나'は複数のものを並べ、どちらかを選択するように促す助詞。必ず名詞と一緒に用
いる。

形態

・名詞の最後にパッチムがないものは'-나'を名詞の後につけ、名詞の最後にパッチムがある

ものは'이나'をつける。

名詞 + (이)나 + 名詞

커피 / 차 : 커피**나** 차
책 / 신문 : 책**이나** 신문

例 ① 책**이나** 신문을 읽어요. (本か新聞を読みます。)
　　② 커피**나** 차를 마셔요. (コーヒーかお茶を飲みます。)

-(으)ㄹ 거예요:「～(する)予定です」「～(する)つもりです」「～(し)ます」('아/어요'の未来形)

例 ① A : 안나 씨, 언제 부산에 **갈 거예요**? (アンナさん、いつ釜山に行く予定です
　　　　　か?)
　　　B : 다음 주에 **갈 거예요**. (来週行く予定です。)

　　② 오늘 친구하고 점심을 **먹을 거예요**. (今日、友達と昼食を食べる予定です。)

意味
・'-(으)ㄹ 거예요'は未来時制を表す。

形態
・'-(으)ㄹ 거예요'は動詞とともに用いられ、動詞の語幹にパッチムがない場合は'-ㄹ 거예
　요'をつける。動詞の語幹がパッチムで終わる場合は'-을 거예요'をつける。

　가다 : 가 -ㄹ 거예요 → 갈 거예요

　먹다 : 먹 -을 거예요 → 먹을 거예요

---

① ㄷ不規則動詞
動詞の語幹のパッチムが'ㄷ'の場合、パッチム'ㄷ'を'ㄹ'に変え、'-을 거예요'をつ
ける。
걷다 : 걸 -을 거예요　　→ 걸을 거예요

② ㄹ不規則動詞
動詞の語幹のパッチムが'ㄹ'の場合、パッチム'ㄹ'を取り、'-ㄹ 거예요'をつける。
만들다 : 만드 -ㄹ 거예요 → 만들 거예요

文の主語(動作の主体)が3人称(「彼」「彼女」「彼ら」など)の場合、'-(으)ㄹ 거예요'
は、多分こうだろうという主語の能力や可能性などに関する話し手の推測、考え、
感覚を表す。

例	① 앤디 씨가 운동을 **좋아할 거예요**.
	(アンディさんは(多分)運動が好きだと思います。)
	② 앤디 씨가 지금 식당에 **있을 거예요**.
	(アンディさんは(多分)今食堂にいるでしょう。)
	③ 앤디 씨 생일이 **5월 20일일 거예요**.
	(アンディさんの誕生日は(多分)5月20日だと思います。)

各課の単語と表現

● 名詞　　■ 動詞　　▲ 形容詞　　◆ その他　　□ 表現

말하기 話そう

국적 国籍

● 미국	アメリカ
● 한국	韓国
● 중국	中国
● 태국	タイ
● 일본	日本
● 독일	ドイツ
● 베트남	ベトナム
● 프랑스	フランス
● 몽골	モンゴル
● 브라질	ブラジル

직업 職業

● 학생	学生
● 선생님	先生
● 회사원	会社員
● 의사	医者
● 간호사	看護師
● 요리사	料理人
● 가수	歌手
● 배우	俳優
● 작가	作家
● 패션 디자이너	ファッションデザイナー
● 군인	軍人
● 경찰	警察

대화 会話

□ 안녕하세요?	こんにちは。
□ 이름이 뭐예요?	名前は何ですか？
□ A: 어느 나라 사람이에요?	どこの国の方ですか？
□ B: 미국 사람이에요.	B：アメリカ人です。
□ 아, 그래요?	あ、そうなんですね？
□ 반갑습니다.	（お会いできて）嬉しいです。
□ 무슨 일을 하세요?	どんな仕事をなさっていますか？
● 일본어 선생님	日本語の先生
● 가이드	ガイド
● 프로그래머	プログラマー
□ A: 이분이 누구예요?	A：この方は誰ですか？
□ B: 가브리엘 씨예요.	B：ガブリエルさんです。

읽고 말하기 読んで話そう

● 운동	運動
□ 좋아해요.	好きです。
□ 만나서 반갑습니다.	お会いできて嬉しいです。
● 드라마	ドラマ
● 공부	勉強

말하기 話そう

사물 もの

● 책	本
● 공책	ノート
● 필통	筆箱
● 연필	鉛筆
● 샤프	シャープペンシル
● 볼펜	ボールペン
● 지우개	消しゴム
● 수정 테이프	修正テープ
● 가위	はさみ
● 가방	かばん
● 우산	傘
● 달력	カレンダー
● 책상	机
● 의자	椅子
● 시계	時計
● 노트북	ノートパソコン
● 텔레비전	テレビ
● 에어컨	エアコン

대화 会話

◆ 그럼	では
□ A: 누구 거예요?	A : 誰の(もの)ですか？
□ B: 제 거예요.	B : 私の(もの)です。
□ 여기 있어요.	はい、どうぞ。
□ A: 고마워요.	A : ありがとうございます。
□ B: 아니에요.	B : いいえ。
● 충전기	充電器
● 핸드폰	携帯

듣고 말하기 聞いて話そう

● 거울	鏡
● 비누	石けん
● 수건	タオル
● 휴지	トイレットペーパー、ティッシュ
● 칫솔	歯ブラシ
● 치약	歯磨き粉
● 접시	皿
● 컵	コップ
● 숟가락	スプーン
● 젓가락	箸
□ 이게 한국어로 뭐예요?	これは韓国語で何ですか？
□ 사라 씨 거예요.	サラさんの(もの)です。

숫자 ① 数字①

◆ 0 공	0
◆ 1 일	1
◆ 2 이	2
◆ 3 삼	3
◆ 4 사	4
◆ 5 오	5
◆ 6 육	6
◆ 7 칠	7
◆ 8 팔	8
◆ 9 구	9
◆ 10 십	10
◆ 20 이십	20
◆ 30 삼십	30
◆ 40 사십	40
◆ 50 오십	50
◆ 60 육십	60
◆ 70 칠십	70
◆ 80 팔십	80
◆ 90 구십	90
◆ 100 백	100

날짜 日付

● 1월 일월	1月
● 2월 이월	2月
● 3월 삼월	3月
● 4월 사월	4月
● 5월 오월	5月
● 6월 유월	6月
● 7월 칠월	7月
● 8월 팔월	8月
● 9월 구월	9月
● 10월 시월	10月
● 11월 십일월	11月
● 12월 십이월	12月

문법 文法

◆ 지금	今
● 안경	メガネ
● 컴퓨터	コンピューター、パソコン
● 선글라스	サングラス
● 교통카드	交通カード
● 여권	パスポート

대화 会話

● 전화번호	電話番号
□ A: 전화번호가 몇 번이에요?	A：電話番号は何番ですか？
□ B: 010-4948-1287이에요.	B：010-4948-1287です。
□ A: 맞아요?	A：合っていますか？
□ B: 네, 맞아요.	B：はい、合っています。
● 생일	誕生日
□ A: 알아요?	A：知っていますか？
□ B: 네, 알아요.	B：はい、知っています。

□ A: 생일이 며칠 이에요? A : 誕生日は何日(いつ)ですか？

□ B: 7월 15일이에요. B : 7月15日です。

準備第 4 課

숫자 ② 数字②

◆ 하나	一つ
◆ 둘	二つ
◆ 셋	三つ
◆ 넷	四つ
◆ 다섯	五つ
◆ 여섯	六つ
◆ 일곱	七つ
◆ 여덟	八つ
◆ 아홉	九つ
◆ 열	十
◆ 한 개	1個
◆ 두 개	2個
◆ 세 개	3個
◆ 네 개	4個

금액 金額

◆ 십 원	十ウォン
◆ 오십 원	五十ウォン
◆ 백 원	百ウォン
◆ 오백 원	五百ウォン
◆ 천 원	千ウォン
◆ 오천 원	五千ウォン
◆ 만 원	一万ウォン
◆ 오만 원	五万ウォン

문법 文法

● 커피	コーヒー
● 물	水
● 콜라	コーラ
● 오렌지 주스	オレンジジュース
● 레몬차	レモン茶
● 녹차	緑茶

□ A: 몇 개 있어요? A : 何個ありますか？

□ B: 한 개 있어요. B : 1個あります。

□ A: 얼마예요? A : いくらですか？

□ B: 이만 삼천팔 백오십 원이 에요. B : 2万3千850ウォンです。

대화 会話

□ 여기요.	すみません。
□ 물 좀 주세요.	水ください。
● 된장찌개	テンジャンチゲ
● 비빔밥	ビビンバ
● 김치찌개	キムチチゲ
● 냉면	冷麺
● 삼계탕	サムゲタン
● 빨대	ストロー
□ 저기 있어요.	あそこにあります。
● 아메리카노	アメリカーノ
● 카페라테	カフェラテ
● 레모네이드	レモネード

● 아이스티	アイスティー

듣고 말하기 聞いて話そう

● 라면	ラーメン
● 우유	牛乳
● 맥주	ビール
● 사과	りんご
● 바나나	バナナ
● 포도	ぶどう
□ 어서 오세요.	いらっしゃいませ。
□ 모두 얼마예요?	全部でいくらですか？

第1課

말하기 話そう

장소 場所

● 학교	学校
● 교실	教室
● 도서관	図書館
● 카페	カフェ
● 편의점	コンビニエンスストア
● 식당	食堂
● 회사	会社
● 영화관	映画館
● 서점	書店、本屋

● 은행	銀行
● 대사관	大使館
● 우체국	郵便局
□ A: 여기가 어디예요?	A：ここはどこですか？
□ B: 학교예요.	B：学校です。

위치 位置

● 위	上
● 아래	下
● 앞	前
● 뒤	裏、後ろ
● 옆	横
● 왼쪽	左側
● 오른쪽	右側
● 안	中、内
● 밖	外

문법 文法

● 직업	職業、仕事
● 오늘	今日
◆ 몇 명	何人、何名
◆ 1층	1階
● 화장실	トイレ
● 지하	地下
● 고양이	猫
● 쓰레기통	ゴミ箱
● 강아지	子犬
● 침대	ベッド
● 모자	帽子

대화　会話

□ 실례합니다.	失礼します。
□ 여보세요.	もしもし。
◆ 혹시	もしかして
◆ 제 책	私の本
● 문	ドア
◆ 이 근처	この近く
● 빌딩	ビル
□ A: 감사합니다.	A：ありがとうござい ます。
□ B: 아니에요.	B：いいえ。

읽고 말하기　読んで話そう

● 고향	故郷
● 집	家
● 파리	パリ
● 상파울루	サンパウロ
□ 한국 영화를 좋 아해요.	韓国映画が好きです。
● 백화점	百貨店、デパート
● 공원	公園

듣고 말하기　聞いて話そう

◆ 스터디 카페	スタディカフェ
◆ 참!	そうだ！
□ 시간이 있어요?	時間がありますか（空 いていますか）？
□ 왜요?	なぜですか？
□ 제 생일이에요	私の誕生日です。
◆ 친구들하고	友達と

□ 같이 식사해요.	一緒に食事しましょ う。
□ 좋아요.	いいですよ。いいで すね。

第 2 課

말하기　話そう

시간　時間

● 오전	午前
● 오후	午後
● 시	時
● 분	分
□ A: 몇 시예요?	A：何時ですか？
□ B: 한 시예요.	B：1時です。
□ 한 시 삼십 분이 에요.	1時30分です。
□ 한 시 반이에요.	1時半です。

행동①　行動①

■ 공부하다 - 공부해요	勉強する-勉強します
■ 일하다 - 일해요	働く-働きます
■ 요리하다 - 요리해요	料理する-料理します
■ 식사하다 - 식사해요	食事する-食事します
■ 이야기하다 - 이야기해요	話す-話します

■ 전화하다 – 전화해요	電話する-電話します	◆ 사람들	人々
■ 운동하다 – 운동해요	運動する-運動します	◆ 학생들	学生たち
■ 쇼핑하다 – 쇼핑해요	買い物する-買い物します	● 길	道
■ 숙제하다 – 숙제해요	宿題する-宿題します	□ 자동차가 많아요.	自動車が多いです。
■ 세수하다 – 세수해요	洗顔する-洗顔します	● 시험	試験、テスト
■ 샤워하다 – 샤워해요	シャワーする-シャワーします	● 호주	オーストラリア
■ 게임하다 – 게임해요	ゲームする-ゲームします	● 시드니	シドニー
		● 베를린	ベルリン
		● 친구	友達
		● 수업	授業
		● 밤	夜
		□ 조용해요.	静かです。
		● 방	部屋
		● 회의	会議

문법 文法

□ 일어나요.	起きます。
□ 자요.	寝ます。
□ 가요.	行きます。
● 체육관	体育館
● 공항	空港
● 병원	病院
□ 와요.	来ます。
◆ 학생 식당	学生食堂
◆ 저녁 식사하다	夕食を食べる

대화 会話

◆ 저도	私も
◆ 보통	普通、大体
□ 아침 식사해요.	朝食を食べます。
□ 점심 식사해요.	昼食を食べます。

읽고 말하기 読んで話そう

듣고 말하기 聞いて話そう

◆ 내일	明日
● 저녁	夕方
□ 미안해요.	ごめんなさい。
□ 약속이 있어요.	約束があります。
◆ 다음에	今度
◆ 제 친구	私の友達
□ 내일 같이 만나요.	明日一緒に会いましょう。

45

말하기 話そう

행동② 行動②

◆ (비자를) 받다 - 받아요	(ビザを)受け取る-受け取ります
◆ (친구를) 만나다 - 만나요	(友達に)会う-会います
◆ (옷을) 사다 - 사요	(服を)買う-買います
◆ (영화를) 보다 - 봐요	(映画を)観る-観ます
◆ (밥을) 먹다 - 먹어요	(ご飯を)食べる-食べます
◆ (책을) 읽다 - 읽어요	(本を)読む-読みます
◆ (영어를) 가르치다 - 가르쳐요	(英語を)教える-教えます
◆ (커피를) 마시다 - 마셔요	(コーヒーを)飲む-飲みます
◆ (책을) 빌리다 - 빌려요	(本を)借りる-借ります
◆ (테니스를) 배우다 - 배워요	(テニスを)習う-習います
◆ (춤을) 추다 - 춰요	(ダンスを)踊る-踊ります
◆ (음악을) 듣다 - 들어요	(音楽を)聴く-聴きます

문법 文法

□ 싫어해요.	嫌いです

◆ 한국 음식	韓国の食べ物
● 김밥	キンパプ
● 요가	ヨガ
● 테니스장	テニスコート

대화 会話

● 일본어	日本語
◆ 테니스를 치다	テニスをする
◆ 요가를 하다	ヨガをする
◆ 한국 요리	韓国料理
◆ 요리 교실	料理教室
◆ 친구 집	友達の家
◆ 댄스 교실	ダンス教室
■ 축구하다	サッカーする
● 운동장	運動場、グラウンド
■ 산책하다	散歩する

읽고 말하기 読んで話そう

● 월요일	月曜日
● 화요일	火曜日
● 수요일	水曜日
● 목요일	木曜日
● 금요일	金曜日
● 토요일	土曜日
● 일요일	日曜日
● 태권도	テコンドー
◆ 중국 음식	中華料理
◆ 아주	とても
● 불고기	プルコギ
■ 만들다	作る
■ 여행하다	旅行する

◆ 월요일부터	月曜日から
◆ 금요일까지	金曜日まで
□ 바빠요.	忙しいです。
■ 등산하다	登山する

듣고 말하기 聞いて話そう

● 영화표	映画のチケット
□ 무슨 영화예요?	何の映画ですか？
◆ 그 영화	その映画
□ 재미있어요.	面白いです。
□ 몰라요.	知りません。
◆ 용산 역	龍山駅
◆ 1번 출구	1番出口

第 4 課

말하기 話そう

과거 시간 過去の時間

● 오늘	今日
● 어제	昨日
◆ 2일 전	2日前
◆ 이번 주	今週
● 지난주	先週
◆ 이번 달	今月
● 지난달	先月
● 올해	今年

● 작년	昨年

집안일 家事

◆ 요리(를) 하다	料理(を)する
◆ 청소(를) 하다	掃除(を)する
◆ 설거지(를) 하다	食器洗い(を)する
◆ 빨래(를) 하다	洗濯(を)する
◆ 다리미질(을) 하다	アイロンがけ(を)する
◆ 책상 정리(를) 하다	机の片付け(を)する

문법 文法

□ 날씨가 좋아요.	天気がいいです。
□ 교실이 조용해요.	教室が静かです。
● 매일	毎日
● 주말	週末
□ 피곤해요.	疲れます。
□ 수업 후	授業後

대화 会話

◆ 언제	いつ
● 수영	水泳
◆ 이사하다	引っ越す
◆ 왜	なぜ、どうして、何で
◆ 점심을 먹다	昼食を食べる
▲ 바쁘다	忙しい
◆ 다리가 아프다	足が痛い
◆ 일이 많다	仕事が多い
◆ 시간이 없다	時間がない

읽고 말하기 読んで話そう

◆ 그래서	それで、だから

■ 초대하다	招待する
● 파티	パーティー
■ 준비하다	準備する
◆ 그리고	そして、それから
● 마트	スーパー
● 과일	果物、フルーツ
● 주스	ジュース
◆ 다 같이	皆で
◆ 맛있게	おいしく
◆ 많이	たくさん
□ 아홉 시쯤	9時くらい(頃)
■ 끝나다	終わる
◆ 그다음에	その次に
■ 노래하다	歌う
◆ 정말	本当
■ 말하다	言う
□ 맛있어요.	美味しいです。
◆ 하지만	しかし、でも
◆ 기분이 좋다	気分が良い

듣고 말하기 聞いて話そう

□ 우와!	わー！
◆ 그런데	でも
■ 기다리다	待つ

第 5 課

말하기 話そう

교통수단 交通手段

● 버스	バス
● 지하철	地下鉄
● 자동차	自動車
● 택시	タクシー
● 자전거	自転車
● 오토바이	オートバイ、バイク
● 기차	汽車
● 비행기	飛行機
◆ 걸어서	歩いて

문법 文法

◆ 친구하고 놀다	友達と遊ぶ
◆ 방학 때	学校の休みに、学校の休みのとき
● 선물	プレゼント
□ 어떻게 가요?	どうやって行きますか？
◆ 공항에서 집까지	空港から家まで
◆ 이름을 쓰다	名前を書く
■ 쉬다	休む
◆ 23쪽	23ページ
◆ 잘 듣다	よく聞く
◆ 문장을 만들다	文章を作る
◆ 자리에서 일어나다	席を立つ、立ち上がる

◆ 노래를 하다	歌を歌う
◆ 인사를 하다	挨拶をする
◆ 창문을 열다	窓を開ける
◆ 친구 얼굴을 그리다	友達の顔を描く

대화 会話

◆ 저기	あそこ
■ 타다	乗る
□ 얼마나 걸려요?	どのくらいかかりますか？
◆ 30분쯤	30分くらい
◆ 2호선	2号線
■ 갈아타다	乗り換える
■ 내리다	降りる
● KTX	KTX
◆ 세 시간	3時間
● ITX	ITX
● 고속버스	高速バス

읽고 말하기 読んで話そう

■ 다니다	通う
■ 시작하다	始める
▲ 멀다	遠い
● 첫날	初日
◆ 왜냐하면	なぜなら
● 정류장	停留所
▲ 가깝다	近い
◆ 길이 막히다	道が混む
■ 늦다	遅い
◆ 다음 날	次の日
● 지하철역	地下鉄駅

◆ 조금	少し
■ 걷다	歩く
▲ 빠르다	速い
◆ 일찍	早く
■ 도착하다	到着する
◆ 요즘	最近
◆ 이제	もう、これから

듣고 말하기 聞いて話そう

◆ 친구들한테서	友達から
◆ 자주	よく（頻度）
□ 정말요?	本当ですか？
□ 와!	わー！
□ 다음 주 어때요?	来週はどうですか？

第 6 課

말하기 話そう

미래 시간 未来の時間

● 내일	明日
◆ 2일 후	2日後
◆ 다음 주	来週
◆ 다음 달	来月
● 내년	来年

문법 文法

◆ 환전을 하다	（外貨）両替をする

◆ 사진을 찍다	写真を撮る
◆ 옷을 바꾸다	服を替える
◆ 택배를 보내다	宅配便を送る
◆ 머리를 자르다	髪を切る
● 쇼핑몰	ショッピングモール
● 영어	英語
● 노래	歌

대화 会話

■ 구경하다	見物する
● 휴가	休暇
◆ 서핑을 하다	サーフィンをする
◆ 시티투어버스를 타다	シティツアーバスに乗る

읽고 말하기 読んで話そう

◆ 아르바이트를 하다	アルバイトをする
□ 새 친구들	新しい友達
□ 반 친구들	クラスの友達、クラスメート
◆ 낮잠을 자다	昼寝をする
◆ 주중	平日
● 손님	お客さん
◆ 이번	今度、今回

듣고 말하기 聞いて話そう

● 유럽	ヨーロッパ
● 혼자	一人
● 박물관	博物館
□ 그리고 또	それから他に、そしてまた
◆ 파리에만	パリにだけ
◆ 이탈리아에도	イタリアにも
● 로마	ローマ
● 베네치아	ヴェネツィア
◆ 나중에	今度、後で
□ 사진을 보여주세요.	写真を見せてください。
□ 여행 잘 다녀오세요.	旅行、楽しんで来てください。

テキスト翻訳

(日本語)
(会話・読んで話そう・聞いて話そう)

お会いできて嬉しいです ——————

話そう

<会話 1 > どこの国の方ですか？

ミナ　　　こんにちは。ミナです。
　　　　　名前は何ですか？
アンディ　アンディです。
ミナ　　　アンディさん、どこの国の方ですか？
アンディ　私はアメリカ人です。
ミナ　　　あ、そうなんですね。お会いできて嬉しいです。

<会話2> どんな仕事をなさっていますか？

スーザン　こんにちは。スーザンです。
アンディ　スーザンさん、こんにちは。
　　　　　私はアンディです。
スーザン　アンディさんはどんな仕事をなさっていますか？
アンディ　学生です。

<読んで話そう> この方は誰ですか？

アンディ

こんにちは。
私はアンディです。
アメリカ人です。
学生です。
私は運動が好きです。
お会いできて嬉しいです。

ハルカ

こんにちは。
私はハルカです。
日本人です。
日本語の先生です。
私はドラマが好きです。
お会いできて嬉しいです。

話そう

<会話1> これは何ですか？

アンディ　これは何ですか？
ハルカ　　鉛筆です。
アンディ　では、あれは何ですか？
ハルカ　　時計です。

<会話2> 誰の(もの)ですか？

ハンス　　傘、誰の(もの)ですか？
ワン　　　私の(もの)です。
ハンス　　はい、どうぞ。
ワン　　　ありがとうございます。
ハンス　　いいえ。

<聞いて話そう> 傘です。

1.　　A：これは何ですか？
　　　B：石けんです。
　　　A：では、あれは何ですか？
　　　B：タオルです。

2.　　A：これは何ですか？
　　　B：スプーンです。
　　　A：では、あれは何ですか？
　　　B：皿です。

3.　　A：これは何ですか？
　　　B：筆箱です。
　　　A：では、あれは何ですか？
　　　B：本です。

4.　　A：ミナさん、これは韓国語で何ですか？
　　　B：傘です。
　　　A：誰の(もの)ですか？
　　　B：サラさんの(もの)です。

話そう

<会話1> 電話番号は何番ですか？

アンディ　スーザンさん、韓国の電話番号(は)ありますか？
スーザン　はい、あります。
アンディ　電話番号は何番ですか？
スーザン　010-4948-1287です。
アンディ　010-4948-1287、合っていますか？
スーザン　はい、合っています。

<会話2> 誕生日はいつですか？

アンディ　ワンさん、レンピンさんの誕生日(を)知っていますか？
ワン　　　はい、知っています。
アンディ　レンピンさんの誕生日は何日(いつ)ですか？
ワン　　　7月15日です。

<読んで話そう> 何番ですか？

1. 暗証番号　2580です。

2. カード番号　2374 7456 8732 2437です。

3. 銀行の口座番号 647 910288 00707です。

4. バスの番号　7番です。

5. バスの番号　14 -1番です。

6. 階数 9階です。

7. 地下鉄の路線番号　2号線です。

8. 地下鉄駅の出口番号　6番出口です。

9. 部屋の番号　105号です。

準備第 4 課　コーヒーください

話そう

<会話1> ビビンバ2つください。

アンディ　すみません、水ください。
店員　　　はい。
アンディ　テンジャンチゲ1つ、ビビンバ2つください。
　　　　　…
店員　　　お待たせしました。

<会話2> 3,000ウォンです。

レンピン　アメリカーノください。いくらですか？
店員　　　3,000ウォンです。
　　　　　…
店員　　　お待たせしました。
レンピン　ストローありますか？
店員　　　はい、あそこにあります。

<聞いて話そう> 全部でいくらですか？

1.　店員　　　いらっしゃいませ。
　　アンディ　りんごはいくらですか？
　　店員　　　4つで17,000ウォンです。
　　アンディ　ぶどうはいくらですか？
　　店員　　　1つ7,800ウォンです。
　　アンディ　では、りんごください。

2.　店員　　　いらっしゃいませ。
　　アンディ　牛乳2つください。いくらですか？
　　店員　　　5,700ウォンです。
　　アンディ　ラーメン5つください。いくらですか？
　　店員　　　4,500ウォンです。
　　アンディ　全部でいくらですか？
　　店員　　　10,200ウォンです。

第 1 課 　アンディさんは食堂にいます

話そう

<会話1> アンディさんはここにいますか？

ミナ　　　失礼します。アンディさんはここにいますか？
ハンス　　いいえ、いません。
ミナ　　　では、どこにいますか？
ハンス　　食堂にいます。

<会話2> もしかして、教室に私の本がありますか？

スーザン　　もしもし。ガブリエルさん、今どこにいますか？
ガブリエル　教室にいます。
スーザン　　あ、そうなんですね。
　　　　　　もしかして、教室に私の本がありますか？
ガブリエル　はい、机の上にあります。

<会話3> この近くにATMはありますか？

アンディ　ミナさん、この近くにATMはありますか？
ミナ　　　はい、Cビルにあります。
アンディ　Cビルはどこにありますか？
ミナ　　　Kビル分かりますか？Kビルの前にあります。
アンディ　ありがとうございます。
ミナ　　　いいえ。

<読んで話そう> 家は光化門にあります。

　私はワンです。
　タイ人です。
　故郷はバンコクです。
　学生です。
　誕生日は10月19日です。
　携帯番号は010-2717-3843です。
　家は光化門にあります。

　私はサラです。
　フランス人です。
　故郷はパリです。
　学生です。韓国映画が好きです。

誕生日は7月28日です。
携帯番号は010-5920-7245です。
家は新村にあります。
現代百貨店の裏にあります。

私はガブリエルです。
故郷はサンパウロです。
サンパウロはブラジルにあります。
プログラマーです。
誕生日は9月30日です。
携帯番号は010-9983-2312です。
家は蚕室にあります。
家の前に公園があります。

<聞いて話そう> スタディカフェはどこにありますか？

アンディ　もしもし。
ミナ　　　アンディさん、こんにちは。ミナです。
アンディ　こんにちは。ミナさん。
ミナ　　　アンディさん、今どこですか？
アンディ　学校です。スタディカフェにいます。
ミナ　　　スタディカフェはどこにありますか？
アンディ　Aビルにあります。
ミナ　　　Aビルにスタディカフェがあるんですか？
アンディ　はい、3階にあります。ミナさんは今どこにいますか？
ミナ　　　私は学校の前の食堂にいます。
アンディ　あ、はい。
ミナ　　　そうだ！アンディさん、4月15日に時間ありますか(空いていますか)？
アンディ　4月…15日…はい、あります(空いています)。なぜですか？
ミナ　　　4月15日は私の誕生日です。
アンディ　あ、そうなんですね。
ミナ　　　私の友達と一緒に食事しましょう。
アンディ　はい、いいですよ。

話そう

<会話1> どこに行きますか？

スーザン　アンディさん、こんにちは。今どこに行きますか？
アンディ　体育館に行きます。スーザンさんはどこに行きますか？
スーザン　私も体育館に行きます。
アンディ　あ、そうなんですね。一緒に行きましょう。

<会話2> 今日の午後、勉強しますか？

ハルカ　　レンピンさん、今日の午後、勉強しますか？
レンピン　いいえ。
ハルカ　　では、何（を）しますか？
レンピン　明洞に行きます。

<会話3> 何時に運動しますか？

ユンホ　　ハンスさんは普通何時に起きますか？
ハンス　　6時30分に起きます。ユンホさんは？
ユンホ　　私は6時に起きます。では、何時に寝ますか？
ハンス　　11時に寝ます。

<読んで話そう> ソウルは午前8時です

　今、韓国のソウルは午前8時です。
　人々が会社に行きます。
　学生たちが学校に行きます。
　道に自動車が多いです。
　ミナさんは図書館にいます。
　勉強します（しています）。
　午後、試験があります。

　今、オーストラリアのシドニーは午前9時です。
　シドニーにアンディさんの友達がいます。
　名前はジェニーです。
　ジェニーさんは今公園にいます。
　運動します（しています）。
　午前は授業がありません。
　午後は学校に行きます。

58

今、ドイツのベルリンは夜12時です。
道に人がいません。
静かです。
ハンスさんは部屋にいます。
今、寝ています。
午前6時に起きます。
7時に会議があります。

<聞いて話そう> 明日の夕方6時に時間ありますか(空いていますか)?

アンディ　ワンさん、明日何(を)しますか?明日の夕方、時間ありますか(空いていますか)?一緒に食事しましょう。
ワン　　　明日、空港に行きます。友達が韓国に来ます。
アンディ　何時に空港に行きますか?
ワン　　　午後5時に空港に行きます。
アンディ　あ、そうなんですね。

アンディ　サラさん、明日の夕方6時に時間ありますか(空いていますか)?
サラ　　　なぜですか?
アンディ　私の友達と一緒に食事しましょう。
サラ　　　ごめんなさい。明日の夕方は約束があります。バヤールさんと映画館に行きます。
アンディ　あ、そうなんですね。
サラ　　　ごめんなさい。今度一緒に食事しましょう。

アンディ　ハンスさん…
ハンス　　はい、アンディさん。
アンディ　明日の午後、会社に行きますか?
ハンス　　いいえ、なぜですか?
アンディ　では、明日の夕方6時に時間ありますか(空いていますか)?
ハンス　　夕方6時…はい、あります(空いています)。
アンディ　明日、私の友達と一緒に食事しましょう。西江大学の学生です。
ハンス　　そうなんですね。いいですよ。明日一緒に会いましょう。

第 **3** 課　カフェで友達に会います　————————

話そう

<会話1> 今日、日本語を教えますか？

トゥアン　ハルカさん、今日、日本語を教えますか？
ハルカ　　いいえ。
トゥアン　では、何(を)しますか？
ハルカ　　映画を観ます。

<会話2> どこで韓国料理を習いますか？

トゥアン　ワンさん、明日何(を)しますか？
ワン　　　韓国料理を習います。
トゥアン　どこで韓国料理を習いますか？
ワン　　　料理教室で韓国料理を習います。

<会話3> 金曜日に何（を）しますか？

サラ　　　　ガブリエルさん、金曜日に何(を)しますか？
ガブリエル　サッカー(を)します。
サラ　　　　どこでサッカー(を)しますか？
ガブリエル　学校の運動場でサッカー(を)します。
　　　　　　サラさんは金曜日に何(を)しますか？
サラ　　　　私は友達に会います。

<読んで話そう> 体育館でテコンドーを習います。

　　レンピン

　　私は月曜日に体育館でテコンドーを習います。
　　火曜日に友達と昼食を食べます。
　　食堂で中華料理を食べます。
　　金曜日に友達の家で映画を観ます。
　　日曜日にゲームをします。
　　ゲームがとても好きです。

バヤール

私は月曜日に図書館で本を借ります。
火曜日に友達と約束があります。
水曜日にデパートで買い物します。
金曜日に家で料理します。
プルコギを作ります。
日曜日に旅行します。
旅行が好きです。

ハンス

私は月曜日から金曜日までとても忙しいです。
午前は学校で勉強します。
そして、午後は会社で働きます。
水曜日の午前7時にテニスコートでテニスをします。
金曜日の夕方に友達に会います。
日曜日に登山（を）します。

<聞いて話そう> 一緒に映画館に行きましょう。

サラ　　　アンディさん。
アンディ　はい、サラさん。
サラ　　　今日、忙しいですか？
アンディ　いいえ、なぜですか？
サラ　　　映画は好きですか？
アンディ　はい、好きです。
サラ　　　では、一緒に映画館に行きましょう。チケットがあります。
アンディ　そうなんですね。何の映画ですか？
サラ　　　<ハリー・ポッター>です。
アンディ　その映画は面白いですか？
サラ　　　はい、とても面白いです。
アンディ　そうなんですね。いいですよ。一緒に観ましょう。
サラ　　　では、6時に龍山のCGVで会いましょう。
アンディ　ごめんなさい。私は龍山のCGVを知りません。
サラ　　　うーん、龍山駅は分かりますか？
アンディ　はい、分かります。
サラ　　　では、龍山駅の1番出口で会いましょう。

話そう

<会話1> いつ買いましたか？

スーザン　レンピンさん、携帯買いましたか？
レンピン　はい、買いました。
スーザン　いつ買いましたか？
レンピン　3日前に買いました。

<会話2> なぜ行かなかったんですか？

サラ　　　トゥアンさん、月曜日に図書館に行きましたか？
トゥアン　いいえ、行きませんでした。
サラ　　　なぜ行かなかったんですか？
トゥアン　疲れていました。

<会話3> 料理しました。そして、掃除もしました。

バヤール　　ガブリエルさん、昨日何(を)しましたか？
ガブリエル　家にいました。
バヤール　　家で何(を)しましたか？
ガブリエル　料理(を)しました。そして、掃除もしました。

<読んで話そう> パーティーが夜11時に終わりました。

　　スーザンさんは先週引っ越しました。それで、昨日家に友達を招待しました。
　　スーザンさんは昨日の午前、パーティーを準備しました。家を掃除しました。そして、スーパーに行きました。スーパーで果物を買いました。そして、ジュースも買いました。午後3時に料理をしました。プルコギを作りました。
　　友達が7時に来ました。皆で一緒に夕飯を美味しく食べました。そして、話もたくさんしました。9時くらいに夕食が終わりました。その次に、歌いました。音楽を聴きました。そして、ダンスも踊りました。パーティーはとても楽しかったです。
　　トゥアンさんが言いました。「スーザンさん、家がとても良いですね。」
　　ワンさんが言いました。「食べ物がとても美味しいです。」
　　「ありがとうございます。」スーザンさんが言いました。
　　パーティーは11時に終わりました。スーザンさんは疲れました。しかし、気分がとても良かったです。

ハルカ	ガブリエルさん、昨日、スーザンさんの家に行きましたか？
ガブリエル	はい、行きました。パーティーがとても面白かったです。
ハルカ	そうなんですね。スーザンさんの家で何(を)しましたか？
ガブリエル	話をたくさんしました。そして、音楽も聴きました。
ハルカ	わー、夕飯も食べましたか？
ガブリエル	はい、スーザンさんが韓国料理を作りました。 それで、皆で一緒に韓国料理を食べました。
ハルカ	何時に家に帰りましたか？
ガブリエル	パーティーは11時に終わりました。だから、11時半に家に帰りました。
ハルカ	11時半ですか？
ガブリエル	はい。でも、ハルカさんはなぜ昨日パーティーに来なかったんですか？
ハルカ	昨日は忙しかったです。
ガブリエル	日本語の授業があったんですか？
ハルカ	はい、日本語を教えました。
ガブリエル	あ、そうなんですね。皆ハルカさんを待っていました。
ハルカ	ごめんなさい。夜9時に仕事が終わりました。
ガブリエル	いいえ。今度皆と一緒に食事しましょう。
ハルカ	いいですね。

 第 **5** 課 地下鉄2号線に乗ってください

話そう

<会話1> 明洞にどうやって行きますか？

アンディ	ミナさん、明洞にどうやって行きますか？
ミナ	あそこで604番バスに乗ってください。
アンディ	明洞までどのくらいかかりますか？
ミナ	30分くらいかかります。
アンディ	ありがとうございます。

<会話2> 地下鉄2号線に乗ってください。

ワン	すみません。仁寺洞にどうやって行きますか？
店員	地下鉄2号線に乗ってください。 そして、乙支路3街駅で3号線に乗り換えてください。
ワン	どこで降りますか？
店員	安国駅で降りてください。
ワン	ありがとうございます。

<会話3> KTXで行ってください。

アンディ	バヤールさん、学校の休みに釜山に旅行に行きたいです。釜山にどうやって行きますか？
バヤール	KTXで行ってください。
アンディ	釜山までどのくらいかかりますか？
バヤル	KTXで3時間くらいかかります。
アンディ	あ、そうなんですね。ありがとうございます。

<読んで話そう> 地下鉄で学校に行きます。

　　アンディさんは先月から学校に通っています。授業は9時に始まります。でも、アンディさんの家は学校から遠いです。だから初日、アンディさんはバスで学校に行きました。なぜなら、バス停が家から近いです。でも、道がとても混みました。家から学校まで50分かかりました。それで、授業の時間に遅れました。

　　次の日、アンディさんは地下鉄に乗りました。地下鉄駅は家から少し遠いです。地下鉄駅までたくさん歩きました。でも、地下鉄はとても速かったです。25分くらいかかりました。だから、学校に早く到着しました。

　　アンディさんは最近、地下鉄で学校に行きます。もう学校に遅れません。

<聞いて話そう> 273番バスに乗ってください。

アンディ	ミナさん、ここ分かりますか？ここはどこですか？
ミナ	あ、ここですか？仁寺洞です。
アンディ	ここが仁寺洞ですか？友達から話をたくさん聞きました。
ミナ	あ、そうなんですね。私も仁寺洞によく行きます。
アンディ	本当ですか？私も仁寺洞に行きたいです。でも、仁寺洞にどうやって行きますか？
ミナ	新村で273番バスに乗ってください。バスで40分くらいかかります。
アンディ	わー、時間がたくさんかかりますね。
ミナ	そうですか？では、地下鉄で行ってください。
アンディ	地下鉄でどうやって行きますか？
ミナ	新村駅で地下鉄2号線に乗ってください。そして、乙支路3街駅で3号線に乗り換えてください。
アンディ	どこで降りますか？
ミナ	安国駅で降りてください。
アンディ	地下鉄は時間がどのくらいかかりますか？
ミナ	25分くらいかかります。
アンディ	わー、地下鉄が速いですね。ところでミナさん、週末に時間がありますか(空いていますか)？ミナさんと一緒に仁寺洞に行きたいです。
ミナ	ごめんなさい、アンディさん。今週末は約束があります。来週はどうですか？
アンディ	いいですよ。では、来週一緒に行きましょう。

話そう

<会話1> 散歩しに行きますか？

サラ	アンディさん、どこに行きますか？
アンディ	公園に行きます。
サラ	散歩しに行きますか？
アンディ	いいえ、自転車に乗りに行きます。

<会話2> 北漢山か冠岳山に行く予定です。

ワン	今週の土曜日に何（を）する予定ですか？
ハンス	登山しに行く予定です。
ワン	どこに行く予定ですか？
ハンス	北漢山か冠岳山に行く予定です。

<会話3> 休暇の時、何(を)する予定ですか？

ガブリエル	休暇はいつですか？
スーザン	今週の金曜日から来週の火曜日までです。
ガブリエル	休暇の時、何（を）する予定ですか？
スーザン	釜山に行く予定です。
ガブリエル	釜山で何（を）する予定ですか？
スーザン	海雲台に行く予定です。

<読んで話そう> 韓国語を学びに韓国に来ました。

　　私は韓国映画が大好きです。それで先月、韓国語を学びに韓国に来ました。午前は韓国語を学びます。そして、午後はアルバイトをします。

　　学校で新しい友達にたくさん出会いました。友達と韓国語で話します。だから、韓国語の授業がとても面白いです。授業後にクラスの友達と昼食を食べに食堂に行きます。学生食堂や学校の近くの食堂で食事します。そして、昼寝をしに家に帰ります。

　　平日は夕方、アルバイト(を)しにカフェに行きます。2週間前からカフェでアルバイトを始めました。家からカフェまで歩いて15分くらいかかります。カフェの前に公園があります。公園に人が多いです。だから、カフェにお客さんが多いです。とても忙しいです。

　　週末は大体家で映画を観ます。しかし、今週末はクラスの友達に会う予定です。友達と一緒に韓国語を勉強する予定です。なぜなら、来週試験があります。

アンディ　ミナさん、今度の学校の休みのとき、何(を)する予定ですか？

ミナ　　　ヨーロッパに旅行に行く予定です。

アンディ　一人で旅行に行く予定ですか？

ミナ　　　はい。でも、フランスのパリに友達がいます。
　　　　　だから、友達の家にいる予定です。

アンディ　パリに友達がいるんですか？

ミナ　　　はい。昨年、パリに勉強しに行きました。

アンディ　あ、そうなんですね。パリで何(を)する予定ですか？

ミナ　　　博物館に行く予定です。

アンディ　博物館ですか？それから他に何(を)する予定ですか？

ミナ　　　買い物をする予定です。それから、フランス料理もたくさん食べる予定です。

アンディ　パリにだけいる予定ですか？

ミナ　　　いいえ、イタリアにも行く予定です。

アンディ　イタリアではどこに行く予定ですか？

ミナ　　　ローマやヴェネツィアに行く予定です。イタリアで写真をたくさん撮る予定です。

アンディ　では、今度写真を見せてください。

ミナ　　　はい、いいですよ。

アンディ　旅行、楽しんで来てください。

ミナ　　　ありがとうございます。

単語と表現索引
(カナダラ順)

● 名詞　■ 動詞　▲ 形容詞　◆ その他　□ 表現

0 공	◆	**0**	1A 준비 3과	말하기
010-4948-1287이에요.	□	**010-4948-1287で す。**	1A 준비 3과	말하기
1 일	◆	**1**	1A 준비 3과	말하기
10 십	◆	**10**	1A 준비 3과	말하기
100 백	◆	**100**	1A 준비 3과	말하기
10월 시월	●	**10月**	1A 준비 3과	말하기
11월 십일월	●	**11月**	1A 준비 3과	말하기
12월 십이월	●	**12月**	1A 준비 3과	말하기
1번 출구	◆	**1番出口**	1A 3과	듣고 말하기
1월 일월	●	**1月**	1A 준비 3과	말하기
1층	◆	**1階**	1A 1과	말하기
2 이	◆	**2**	1A 준비 3과	말하기
20 이십	◆	**20**	1A 준비 3과	말하기
23쪽	◆	**23ページ**	1A 5과	말하기
2월 이월	●	**2月**	1A 준비 3과	말하기
2일 전	◆	**2日前**	1A 4과	말하기
2일 후	◆	**2日後**	1A 6과	말하기
2호선	◆	**2号線**	1A 5과	말하기
3 삼	◆	**3**	1A 준비 3과	말하기
30 삼십	◆	**30**	1A 준비 3과	말하기
30분쯤	◆	**30分くらい**	1A 5과	말하기
3월 삼월	●	**3月**	1A 준비 3과	말하기
4 사	◆	**4**	1A 준비 3과	말하기
40 사십	◆	**40**	1A 준비 3과	말하기
4월 사월	●	**4月**	1A 준비 3과	말하기
5 오	◆	**5**	1A 준비 3과	말하기
50 오십	◆	**50**	1A 준비 3과	말하기
5월 오월	●	**5月**	1A 준비 3과	말하기
6 육	◆	**6**	1A 준비 3과	말하기
60 육십	◆	**60**	1A 준비 3과	말하기

6월 유월	●	6月	1A 준비 3과	말하기
7 칠	◆	7	1A 준비 3과	말하기
70 칠십	◆	70	1A 준비 3과	말하기
7월 15일이에요.	□	7月15日です。	1A 준비 3과	말하기
7월 칠월	●	7月	1A 준비 3과	말하기
8 팔	◆	8	1A 준비 3과	말하기
80 팔십	◆	80	1A 준비 3과	말하기
8월 팔월	●	8月	1A 준비 3과	말하기
9 구	◆	9	1A 준비 3과	말하기
90 구십	◆	90	1A 준비 3과	말하기
9월 구월	●	9月	1A 준비 3과	말하기
ITX	●	ITX	1A 5과	말하기
KTX	●	KTX	1A 5과	말하기

ㄱ

가깝다	▲	近い	1A 5과	읽고 말하기
가방	●	かばん	1A 준비 2과	말하기
가브리엘 씨예요.	□	ガブリエルさんです。	1A 준비 1과	말하기
가수	●	歌手	1A 준비 1과	말하기
가요.	□	行きます。	1A 2과	말하기
가위	●	はさみ	1A 준비 2과	말하기
가이드	●	ガイド	1A 준비 1과	말하기
간호사	●	看護師	1A 준비 1과	말하기
갈아타다	■	乗り換える	1A 5과	말하기
감사합니다.	□	ありがとうございます。	1A 1과	말하기
강아지	●	子犬	1A 1과	말하기
같이 식사해요.	□	一緒に食事しましょう。	1A 1과	듣고 말하기
거울	●	鏡	1A 준비 2과	듣고 말하기

걷다	■	歩く	1A 5과	읽고 말하기
걸어서	◆	歩いて	1A 5과	말하기
게임하다 – 게임해요	■	ゲームする - ゲームします	1A 2과	말하기
경찰	●	警察	1A 준비 1과	말하기
고마워요.	□	ありがとうございます。	1A 준비 2과	말하기
고속버스	●	高速バス	1A 5과	말하기
고양이	●	猫	1A 1과	말하기
고향	●	故郷	1A 1과	읽고 말하기
공부	●	勉強	1A 준비 1과	읽고 말하기
공부하다 – 공부해요	■	勉強する - 勉強します	1A 2과	말하기
공원	●	公園	1A 1과	읽고 말하기
공책	●	ノート	1A 준비 2과	말하기
공항	●	空港	1A 2과	말하기
공항에서 집까지	◆	空港から家まで	1A 5과	말하기
과일	●	果物、フルーツ	1A 4과	읽고 말하기
교실	●	教室	1A 1과	말하기
교실이 조용해요.	□	教室が静かです。	1A 4과	말하기
교통카드	●	交通カード	1A 준비 3과	말하기
구경하다	■	見物する	1A 6과	말하기
군인	●	軍人	1A 준비 1과	말하기
그 영화	◆	その映画	1A 3과	듣고 말하기
그다음에	◆	その次に	1A 4과	읽고 말하기
그래서	◆	それで、だから	1A 4과	읽고 말하기
그런데	◆	でも	1A 4과	듣고 말하기
그럼	◆	では	1A 준비 2과	말하기
그리고	◆	そして、それから	1A 4과	읽고 말하기
그리고 또	□	それから他に、そしてまた	1A 6과	듣고 말하기
금요일	●	金曜日	1A 3과	읽고 말하기

금요일까지	◆	金曜日まで	1A 3과	읽고 말하기
기다리다	■	待つ	1A 4과	듣고 말하기
기분이 좋다	◆	気分が良い	1A 4과	읽고 말하기
기차	●	汽車	1A 5과	말하기
길	●	道	1A 2과	읽고 말하기
길이 막히다	◆	道が混む	1A 5과	읽고 말하기
김밥	●	キンパプ	1A 3과	말하기
김치찌개	●	キムチチゲ	1A 준비 4과	말하기
끝나다	■	終わる	1A 4과	읽고 말하기

ㄴ

나중에	◆	今度、後で	1A 6과	듣고 말하기
날씨가 좋아요.	□	天気がいいです。	1A 4과	말하기
낮잠을 자다	◆	昼寝をする	1A 6과	읽고 말하기
내년	●	来年	1A 6과	말하기
내리다	■	降りる	1A 5과	말하기
내일	●	明日	1A 2, 6과	듣고 말하기 말하기
내일 같이 만나요.	□	明日一緒に会いましょう。	1A 2과	듣고 말하기
냉면	●	冷麺	1A 준비 4과	말하기
네 개	◆	4個	1A 준비 4과	말하기
네, 맞아요.	□	はい、合っています。	1A 준비 3과	말하기
네, 알아요.	□	はい、知っています。	1A 준비 3과	말하기
넷	◆	四つ	1A 준비 4과	말하기
노래하다	■	歌う	1A 4과	읽고 말하기
노트북	●	ノートパソコン	1A 준비 2과	말하기
녹차	●	緑茶	1A 준비 4과	말하기
누구 거예요?	□	誰の(もの)ですか？	1A 준비 2과	말하기
늦다	▲	遅い	1A 5과	읽고 말하기

71

다 같이	◆	皆で	1A 4과	읽고 말하기
다니다	■	通う	1A 5과	읽고 말하기
다리가 아프다	◆	足が痛い	1A 4과	말하기
다리미질(을) 하다	◆	アイロンがけ(を)する	1A 4과	말하기
다섯	◆	五つ	1A 준비 4과	말하기
다음 날	◆	次の日	1A 5과	읽고 말하기
다음 달	◆	来月	1A 6과	말하기
다음 주	◆	来週	1A 6과	말하기
다음 주 어때요?	□	来週はどうですか？	1A 5과	듣고 말하기
다음에	◆	今度	1A 2과	듣고 말하기
달력	●	カレンダー	1A 준비 2과	말하기
대사관	●	大使館	1A 1과	말하기
댄스 교실	◆	ダンス教室	1A 3과	말하기
도서관	●	図書館	1A 1과	말하기
도착하다	■	到着する	1A 5과	읽고 말하기
독일	●	ドイツ	1A 준비 1과	말하기
된장찌개	●	テンジャンチゲ	1A 준비 4과	말하기
두 개	◆	2個	1A 준비 4과	말하기
둘	◆	二つ	1A 준비 4과	말하기
뒤	●	裏、後ろ	1A 1과	말하기
드라마	●	ドラマ	1A 준비 1과	읽고 말하기
등산하다	■	登山する	1A 3과	읽고 말하기

라면	●	ラーメン	1A 준비 4과	듣고 말하기
레모네이드	●	レモネード	1A 준비 4과	말하기
레몬차	●	レモン茶	1A 준비 4과	말하기
로마	●	ローマ	1A 6과	듣고 말하기

마트	●	スーパー	1A 4과	읽고 말하기
만 원	●	一万ウォン	1A 준비 4과	말하기
만나서 반갑습니다.	□	お会いできて嬉しいです。	1A 준비 1과	읽고 말하기
만들다	■	作る	1A 3과	읽고 말하기
많이	◆	たくさん	1A 4과	읽고 말하기
말하다	■	言う	1A 4과	읽고 말하기
맛있게	◆	美味しく	1A 4과	읽고 말하기
맛있어요.	□	美味しいです。	1A 4과	읽고 말하기
맞아요?	□	合っていますか？	1A 준비 3과	말하기
매일	◆	毎日	1A 4과	말하기
맥주	●	ビール	1A 준비 4과	듣고 말하기
머리를 자르다	◆	髪を切る	1A 6과	말하기
멀다	▲	遠い	1A 5과	읽고 말하기
몇 개 있어요?	□	何個ありますか？	1A 준비 4과	말하기
몇 명	◆	何人、何名	1A 1과	말하기
몇 시예요?	□	何時ですか？	1A 2과	말하기
모두 얼마예요?	□	全部でいくらですか？	1A 준비 4과	듣고 말하기
모자	●	帽子	1A 1과	말하기
목요일	●	木曜日	1A 3과	읽고 말하기
몰라요.	◆	知りません。	1A 3과	듣고 말하기
몽골	●	モンゴル	1A 준비 1과	말하기
무슨 영화예요?	□	何の映画ですか？	1A 3과	듣고 말하기
무슨 일을 하세요?	□	どんな仕事をなさっていますか？	1A 준비 1과	말하기
문	●	ドア	1A 1과	말하기
문장을 만들다	◆	文章を作る	1A 5과	말하기
물	●	水	1A 준비 4과	말하기
물 좀 주세요.	□	水ください。	1A 준비 4과	말하기

미국	●	アメリカ	1A 준비 1과	말하기
미국 사람이에요.	□	アメリカ人です。	1A 준비 1과	말하기
미안해요.	□	ごめんなさい。	1A 2과	듣고 말하기

ㅂ

바나나	●	バナナ	1A 준비 4과	듣고 말하기
바빠요.	□	忙しいです。	1A 3과	읽고 말하기
바쁘다	▲	忙しい	1A 4과	말하기
박물관	●	博物館	1A 6과	듣고 말하기
밖	●	外	1A 1과	말하기
반 친구들	◆	クラスの友達、クラスメート	1A 6과	읽고 말하기
반갑습니다.	□	(お会いできて)嬉しいです。	1A 준비 1과	말하기
밤	●	夜	1A 2과	읽고 말하기
밥을 먹다 – 먹어요	◆	(ご飯を)食べる - 食べます	1A 3과	말하기
방	●	部屋	1A 2과	읽고 말하기
방학 때	◆	学校の休みに、学校の休みのとき	1A 5과	말하기
배우	●	俳優	1A 준비 1과	말하기
백 원	●	百ウォン	1A 준비 4과	말하기
백화점	●	百貨店、デパート	1A 1과	읽고 말하기
버스	●	バス	1A 5과	말하기
베네치아	●	ヴェネツィア	1A 6과	듣고 말하기
베를린	●	ベルリン	1A 2과	읽고 말하기
베트남	●	ベトナム	1A 준비 1과	말하기
병원	●	病院	1A 2과	말하기
보통	◆	普通、大体	1A 2과	말하기
볼펜	●	ボールペン	1A 준비 2과	말하기
분	●	分	1A 2과	말하기

불고기	●	プルコギ	1A 3과	읽고 말하기
브라질	●	ブラジル	1A 준비 1과	말하기
비누	●	石けん	1A 준비 2과	듣고 말하기
비빔밥	●	ビビンバ	1A 준비 4과	말하기
비자를 받다 - 받아요	◆	(ビザを)受け取る - 受け取ります	1A 3과	말하기
비행기	●	飛行機	1A 5과	말하기
빌딩	●	ビル	1A 1과	말하기
빠르다	▲	速い	1A 5과	읽고 말하기
빨대	●	ストロー	1A 준비 4과	말하기
빨래(를) 하다	◆	洗濯(を)する	1A 4과	말하기

ㅅ

사과	●	りんご	1A 준비 4과	듣고 말하기
사라 씨 거예요.	□	サラさんの(もの)です。	1A 준비 2과	듣고 말하기
사람들	◆	人々	1A 2과	읽고 말하기
사진을 보여 주세요.	◆	写真を見せてください。	1A 6과	듣고 말하기
사진을 찍다	◆	写真を撮る	1A 6과	말하기
산책하다	■	散歩する	1A 3과	말하기
삼계탕	●	サムゲタン	1A 준비 4과	말하기
상파울루	●	サンパウロ	1A 1과	읽고 말하기
새 친구들	◆	新しい友達	1A 6과	읽고 말하기
생일	●	誕生日	1A 준비 3과	말하기
생일이 며칠이에요?	□	誕生日は何日(いつ)ですか？	1A 준비 3과	말하기
샤워하다 - 샤워해요	■	シャワーする - シャワーします	1A 2과	말하기
샤프	●	シャープペンシル	1A 준비 2과	말하기
서점	●	書店、本屋	1A 1과	말하기

서핑을 하다	◆	サーフィンをする	1A 6과	말하기
선글라스	●	サングラス	1A 준비 3과	말하기
선물	●	プレゼント	1A 5과	말하기
선생님	●	先生	1A 준비 1과	말하기
설거지(를) 하다	◆	食器洗い(を)する	1A 4과	말하기
세 개	◆	3個	1A 준비 4과	말하기
세수하다 - 세수해요	■	洗顔する - 洗顔します	1A 2과	말하기
세 시간	◆	3時間	1A 5과	말하기
셋	◆	三つ	1A 준비 4과	말하기
손님	●	お客さん	1A 6과	읽고 말하기
쇼핑몰	●	ショッピングモール	1A 6과	말하기
쇼핑하다 - 쇼핑해요	■	買い物する - 買い物します	1A 2과	말하기
수건	●	タオル	1A 준비 2과	듣고 말하기
수업	●	授業	1A 2과	읽고 말하기
수업 후	□	授業後	1A 4과	말하기
수영	●	水泳	1A 4과	말하기
수요일	●	水曜日	1A 3과	읽고 말하기
수정 테이프	●	修正テープ	1A 준비 2과	말하기
숙제하다 - 숙제해요	■	宿題する - 宿題します	1A 2과	말하기
숟가락	●	スプーン	1A 준비 2과	듣고 말하기
쉬다	■	休む	1A 5과	말하기
스터디 카페	●	スタディカフェ	1A 1과	듣고 말하기
시	●	時	1A 2과	말하기
시간이 없다	◆	時間がない	1A 4과	말하기
시간이 있어요?	□	時間がありますか？（空いていますか？）	1A 1과	듣고 말하기
시계	●	時計	1A 준비 2과	말하기
시드니	●	シドニー	1A 2과	읽고 말하기
시작하다	■	始める	1A 5과	읽고 말하기

시티투어버스를 타다	◆	シティツアーバスに乗る	1A 6과	말하기
시험	●	試験、テスト	1A 2과	읽고 말하기
식당	●	食堂	1A 1과	말하기
식사하다 - 식사해요	■	食事する - 食事します	1A 2과	말하기
실례합니다.	□	失礼します。	1A 1과	말하기
싫어해요.	□	嫌いです。	1A 3과	말하기
십 원	●	十ウォン	1A 준비 4과	말하기
쓰레기통	●	ゴミ箱	1A 1과	말하기

아, 그래요?	□	あ、そうなんですね？	1A 준비 1과	말하기
아니에요.	□	いいえ。	1A 준비 2, 1과	말하기
아래	●	下	1A 1과	말하기
아르바이트를 하다	◆	アルバイトをする	1A 6과	읽고 말하기
아메리카노	●	アメリカーノ	1A 준비 4과	말하기
아이스티	●	アイスティー	1A 준비 4과	말하기
아주	◆	とても	1A 3과	읽고 말하기
아침 식사해요.	□	朝食を食べます。	1A 2과	말하기
아홉	◆	九つ	1A 준비 4과	말하기
아홉 시쯤	□	9時くらい(頃)	1A 4과	읽고 말하기
안	●	中、内	1A 1과	말하기
안경	●	メガネ	1A 준비 3과	말하기
안녕하세요?	□	こんにちは。	1A 준비 1과	말하기
알아요?	□	知っていますか？	1A 준비 3과	말하기
앞	●	前	1A 1과	말하기
약속이 있어요.	□	約束があります。	1A 2과	듣고 말하기
어느 나라 사람이에요?	□	どこの国の人ですか？	1A 준비 1과	말하기
어떻게 가요?	□	どうやって行きますか？	1A 5과	말하기

어서 오세요.	□	いらっしゃいませ。	1A 준비 4과	듣고 말하기
어제	●	昨日	1A 4과	말하기
언제	◆	いつ	1A 4과	말하기
얼마나 걸려요?	□	どのくらいかかりますか？	1A 5과	말하기
얼마예요?	□	いくらですか？	1A 준비 4과	말하기
에어컨	●	エアコン	1A 준비 2과	말하기
여권	●	パスポート	1A 준비 3과	말하기
여기 있어요.	□	はい、どうぞ。	1A 준비 2과	말하기
여기가 어디예요?	□	ここはどこですか？	1A 1과	말하기
여기요.	□	すみません。（お店などで人を呼ぶとき）	1A 준비 4과	말하기
여덟	◆	八つ	1A 준비 4과	말하기
여보세요.	□	もしもし。	1A 1과	말하기
여섯	◆	六つ	1A 준비 4과	말하기
여행 잘 다녀오세요.	◆	旅行、楽しんで来てください。	1A 6과	듣고 말하기
여행하다	■	旅行する	1A 3과	읽고 말하기
연필	●	鉛筆	1A 준비 2과	말하기
열	◆	十	1A 준비 4과	말하기
영어	●	英語	1A 6과	말하기
영어를 가르치다 – 가르쳐요	◆	英語を教える - 教えます	1A 3과	말하기
영화관	●	映画館	1A 1과	말하기
영화를 보다 – 봐요	◆	映画を観る - 観ます	1A 3과	말하기
영화표	●	映画のチケット	1A 3과	듣고 말하기
옆	●	横	1A 1과	말하기
오늘	●	今日	1A 1, 4과	말하기
오렌지 주스	●	オレンジジュース	1A 준비 4과	말하기
오른쪽	●	右側	1A 1과	말하기
오만 원	●	五万ウォン	1A 준비 4과	말하기
오백 원	●	五百ウォン	1A 준비 4과	말하기

오십 원	●	五十ウォン	1A 준비 4과	말하기
오전	●	午前	1A 2과	말하기
오천 원	●	五千ウォン	1A 준비 4과	말하기
오토바이	●	オートバイ、バイク	1A 5과	말하기
오후	●	午後	1A 2과	말하기
올해	●	今年	1A 4과	말하기
옷을 바꾸다	◆	服を替える	1A 6과	말하기
옷을 사다 – 사요	◆	服を買う - 買います	1A 3과	말하기
와!	□	わー！	1A 5과	듣고 말하기
와요.	□	来ます。	1A 2과	말하기
왜	◆	なぜ、どうして、何で	1A 4과	말하기
왜냐하면	◆	なぜなら	1A 5과	읽고 말하기
왜요?	□	なぜですか？	1A 1과	듣고 말하기
왼쪽	●	左側	1A 1과	말하기
요가	●	ヨガ	1A 3과	말하기
요가를 하다	◆	ヨガをする	1A 3과	말하기
요리 교실	◆	料理教室	1A 3과	말하기
요리(를) 하다	◆	料理(を)する	1A 4과	말하기
요리사	●	料理人	1A 준비 1과	말하기
요리하다 – 요리해요	■	料理する - 料理します	1A 2과	말하기
요즘	◆	最近	1A 5과	읽고 말하기
용산 역	◆	龍山駅	1A 3과	듣고 말하기
우산	●	傘	1A 준비 2과	말하기
우와!	□	わー！	1A 4과	듣고 말하기
우유	●	牛乳	1A 준비 4과	듣고 말하기
우체국	●	郵便局	1A 1과	말하기
운동	●	運動	1A 준비 1과	읽고 말하기
운동장	●	運動場、グラウンド	1A 3과	말하기
운동하다 – 운동해요	■	運動する - 運動します	1A 2과	말하기

월요일	●	月曜日	1A 3과	읽고 말하기
월요일부터	◆	月曜日から	1A 3과	읽고 말하기
위	●	上	1A 1과	말하기
유럽	●	ヨーロッパ	1A 6과	듣고 말하기
은행	●	銀行	1A 1과	말하기
음악을 듣다 – 들어요	◆	音楽を聴く - 聴きます	1A 3과	말하기
의사	●	医者	1A 준비 1과	말하기
의자	●	椅子	1A 준비 2과	말하기
이 근처	◆	この近く	1A 1과	말하기
이게 한국어로 뭐예요?	□	これは韓国語で何ですか？	1A 준비 2과	듣고 말하기
이름을 쓰다	◆	名前を書く	1A 5과	말하기
이름이 뭐예요?	□	名前は何ですか？	1A 준비 1과	말하기
이만 삼천팔백오십 원이에요.	□	2万3千850ウォンです。	1A 준비 4과	말하기
이번	◆	今度、今回	1A 6과	읽고 말하기
이번 달	◆	今月	1A 4과	말하기
이번 주	◆	今週	1A 4과	말하기
이분이 누구예요?	□	この方は誰ですか？	1A 준비1과	말하기
이사하다	■	引っ越す	1A 4과	말하기
이야기하다 – 이야기해요	■	話す - 話します	1A 2과	말하기
이제	◆	もう、これから	1A 5과	읽고 말하기
이탈리아에도	◆	イタリアにも	1A 6과	듣고 말하기
인사하다	■	挨拶する	1A 5과	말하기
일곱	◆	七つ	1A 준비 4과	말하기
일본	●	日本	1A 준비 1과	말하기
일본어	●	日本語	1A 3과	말하기
일본어 선생님	●	日本語の先生	1A 준비 1과	말하기
일어나요.	□	起きます。	1A 2과	말하기
일요일	●	日曜日	1A 3과	읽고 말하기

일이 많다	◆	仕事が多い	1A 4과	말하기
일찍	◆	早く	1A 5과	읽고 말하기
일하다 – 일해요	■	働く - 働きます	1A 2과	말하기

ㅈ

자동차	●	自動車	1A 5과	말하기
자동차가 많아요.	□	自動車が多いです。	1A 2과	읽고 말하기
자리에서 일어나다	◆	席を立つ、立ち上がる	1A 5과	말하기
자요.	□	寝ます。	1A 2과	말하기
자전거	●	自転車	1A 5과	말하기
자주	◆	よく（頻度）	1A 5과	듣고 말하기
작가	●	作家	1A 준비 1과	말하기
작년	●	昨年	1A 4과	말하기
잘 듣다	◆	よく聞く	1A 5과	말하기
재미있어요.	□	面白いです。	1A 3과	듣고 말하기
저기	◆	あそこ	1A 5과	말하기
저기 있어요.	□	あそこにあります。	1A 준비 4과	말하기
저녁	●	夕方	1A 2과	듣고 말하기
저녁 식사하다	◆	夕食を食べる	1A 2과	말하기
저도	◆	私も	1A 2과	말하기
전화번호	●	電話番号	1A 준비 3과	말하기
전화번호가 몇 번이에요?	□	電話番号は何番ですか？	1A 준비 3과	말하기
전화하다 – 전화해요	■	電話する - 電話します	1A 2과	말하기
점심 식사해요.	□	昼食を食べます。	1A 2과	말하기
점심을 먹다	◆	昼食を食べる	1A 4과	말하기
접시	●	皿	1A 준비 2과	듣고 말하기
젓가락	●	箸	1A 준비 2과	듣고 말하기
정류장	●	停留所	1A 5과	읽고 말하기

정말	◆	**本当**	1A 4과	읽고 말하기
정말요?	□	**本当ですか？**	1A 5과	듣고 말하기
제 거예요.	□	**私の(もの)です。**	1A 준비 2과	말하기
제 생일이에요	□	**私の誕生日です。**	1A 1과	듣고 말하기
제 책	◆	**私の本**	1A 1과	말하기
제 친구	◆	**私の友達**	1A 2과	듣고 말하기
조금	◆	**少し**	1A 5과	읽고 말하기
조용해요.	□	**静かです。**	1A 2과	읽고 말하기
좀 주세요.	□	**[名詞] ください。**	1A 준비 4과	말하기
좋아요.	□	**いいですよ。いいですね。**	1A 1과	듣고 말하기
좋아해요.	□	**好きです。**	1A 준비 1과	읽고 말하기
주말	◆	**週末**	1A 4과	말하기
주스	●	**ジュース**	1A 4과	읽고 말하기
주중	◆	**平日**	1A 6과	읽고 말하기
준비하다	■	**準備する**	1A 4과	읽고 말하기
중국	●	**中国**	1A 준비 1과	말하기
중국 음식	◆	**中華料理**	1A 3과	읽고 말하기
지금	◆	**今**	1A 준비 3과	말하기
지난달	●	**先月**	1A 4과	말하기
지난주	●	**先週**	1A 4과	말하기
지우개	●	**消しゴム**	1A 준비 2과	말하기
지하	●	**地下**	1A 1과	말하기
지하철	●	**地下鉄**	1A 5과	말하기
지하철역	●	**地下鉄駅**	1A 5과	읽고 말하기
직업	●	**職業、仕事**	1A 1과	말하기
집	●	**家**	1A 1과	읽고 말하기

참!	□	そうだ！	1A 1과	듣고 말하기
창문을 열다	◆	窓を開ける	1A 5과	말하기
책	●	本	1A 준비 2과	말하기
책상	●	机	1A 준비 2과	말하기
책상 정리(를) 하다	◆	机の片付け(を)する	1A 4과	말하기
책을 빌리다 - 빌려요	◆	本を借りる - 借ります	1A 3과	말하기
책을 읽다 - 읽어요	◆	本を読む - 読みます	1A 3과	말하기
천 원	●	千ウォン	1A 준비 4과	말하기
첫날	●	初日	1A 5과	읽고 말하기
청소(를) 하다	◆	掃除(を)する	1A 4과	말하기
체육관	●	体育館	1A 2과	말하기
초대하다	■	招待する	1A 4과	읽고 말하기
축구하다	■	サッカーする	1A 3과	말하기
춤을 추다 - 춰요	◆	ダンスを踊る - 踊ります	1A 3과	말하기
충전기	●	充電器	1A 준비 2과	말하기
치약	●	歯磨き粉	1A 준비 2과	듣고 말하기
친구	●	友達	1A 2과	읽고 말하기
친구 얼굴을 그리다	◆	友達の顔を描く	1A 5과	말하기
친구 집	◆	友達の家	1A 3과	말하기
친구들하고	◆	友達と	1A 1과	듣고 말하기
친구들한테서	◆	友達から	1A 5과	듣고 말하기
친구를 만나다 - 만나요	◆	友達に会う - 会います	1A 3과	말하기
친구하고 놀다	◆	友達と遊ぶ	1A 5과	말하기
침대	●	ベッド	1A 1과	말하기
칫솔	●	歯ブラシ	1A 준비 2과	듣고 말하기

카페	●	カフェ	1A 1과	말하기
카페라테	●	カフェラテ	1A 준비 4과	말하기
커피	●	コーヒー	1A 준비 4과	말하기
커피를 마시다 - 마셔요	◆	コーヒーを飲む - 飲みます	1A 3과	말하기
컴퓨터	●	コンピューター、パソコン	1A 준비 3과	말하기
컵	●	コップ	1A 준비 2과	듣고 말하기
콜라	●	コーラ	1A 준비 4과	말하기

타다	■	乗る	1A 5과	말하기
태국	●	タイ	1A 준비 1과	말하기
태권도	●	テコンドー	1A 3과	읽고 말하기
택배를 보내다	◆	宅配便を送る	1A 6과	말하기
택시	●	タクシー	1A 5과	말하기
테니스를 배우다 - 배워요	◆	テニスを習う - 習います	1A 3과	말하기
테니스를 치다	◆	テニスをする	1A 3과	말하기
테니스장	◆	テニスコート	1A 3과	말하기
텔레비전	●	テレビ	1A 준비 2과	말하기
토요일	●	土曜日	1A 3과	읽고 말하기

파리	●	パリ	1A 1과	읽고 말하기
파리에만	◆	パリにだけ	1A 6과	듣고 말하기
파티	●	パーティー	1A 4과	읽고 말하기

패션 디자이너	●	ファッションデザイナー	1A 준비 1과	말하기
편의점	●	コンビニエンスストア	1A 1과	말하기
포도	●	ぶどう	1A 준비 4과	듣고 말하기
프랑스	●	フランス	1A 준비 1과	말하기
프로그래머	●	プログラマー	1A 준비 1과	말하기
피곤해요.	□	疲れます。	1A 4과	말하기
필통	●	筆箱	1A 준비 2과	말하기

ㅎ

하나	◆	一つ	1A 준비 4과	말하기
하지만	◆	しかし	1A 4과	읽고 말하기
학교	●	学校	1A 1과	말하기
학교예요.	□	学校です。	1A 1과	말하기
학생	●	学生	1A 준비 1과	말하기
학생 식당	◆	学生食堂	1A 2과	말하기
학생들	◆	学生たち	1A 2과	읽고 말하기
한 개	◆	1個	1A 준비 4과	말하기
한 개 있어요.	□	1個あります。	1A 준비 4과	말하기
한 시 반이에요.	□	1時半です。	1A 2과	말하기
한 시 삼십 분이에요.	□	1時30分です。	1A 2과	말하기
한 시예요.	□	1時です。	1A 2과	말하기
한국	●	韓国	1A 준비 1과	말하기
한국 영화를 좋아해요.	□	韓国映画が好きです。	1A 1과	읽고 말하기
한국 요리	◆	韓国料理	1A 3과	말하기
한국 음식	◆	韓国の食べ物	1A 3과	말하기
핸드폰	●	携帯	1A 준비 2과	말하기
호주	●	オーストラリア	1A 2과	읽고 말하기
혹시	◆	もしかして	1A 1과	말하기
혼자	●	一人	1A 6과	듣고 말하기

화요일	●	**火曜日**	1A 3과	읽고 말하기
화장실	●	**トイレ**	1A 1과	말하기
환전을 하다	◆	**（外貨）両替をする**	1A 6과	말하기
회사	●	**会社**	1A 1과	말하기
회사원	●	**会社員**	1A 준비 1과	말하기
회의	●	**会議**	1A 2과	읽고 말하기
휴가	●	**休暇**	1A 6과	말하기
휴지	●	**トイレットペーパー、ティッシュ**	1A 준비 2과	듣고 말하기